KB270544

복음서의 예수영성

유은호 지음

예수영성

복음서의 예수영성

발행일 : 초판 1쇄 발행 2026.1.1
저　자 : 유은호
발　행 : 예수영성
펴낸이 : 강보경
펴낸곳 : 예수영성
편　집 : 유현우
디자인 : 유현우
이 메 일 : windowchurch@naver.com
출판등록일 2019년 9월 2일 제2019-000110호
주　소 : 05712 서울시 송파구 중대로 9길 42-16, 3층
전　화 : 02-408-7947

ISBN : 979-11-984136-1-1(03230)
값 : 10,000원

이 책을 충신교회 박종순 원로 목사님께 헌정합니다.

머리말

　필자가 영성신학을 공부하면서 동방정교회나 로마 가톨릭교회에서 영성가를 규정하는 해석학적 도구(tool)인 '관상'과 '활동'같이 개신교적 해석학적 도구가 없을까를 찾던 중에 개신교의 신학적 특성상 성경을 중요하게 생각하고, 특히 예수님을 중요하게 생각하기 때문에 복음서에 나타난 예수님의 영성을 규명하여 개신교적인 도구를 제시해야겠다는 생각을 했다. 이 책은 바로 복음서에 나타난 예수님의 영성이라는 개신교적 영성의 새로운 해석하적 도구를 제시하고 있다.

　이 책은 필자가 그동안 12년에 걸쳐 전문학술지에 등재한 복음서에 나타난 예수님의 영성에 관한 논문 4개를 엮은 것이다. 제1장은 "마태복음에 나타난 예수의 가르침과 행함의 영성"(신학논단/2022), 제2장은 "마가복음서에 나타난 예수의 이적 영성"(신학논단/2023), 제3장은 "누가복음에 나타난 기도의 영성"(신학과 실천/2012), 그리고 제4장은 "요한복음에 나타난 예수의 목양 영성"(신학과 실천/2024) 등이다. 복음서에 나타난 예수님의 네 가지 영성은 크게 보면 지정의를 모두 함축하고 있는 온전한 영성이다. 예를 들어, 마태는 지성을 강조하는 영성이라면, 마가와 누가는 정서를 강조하는 영성이고, 요한복음은 의지를 강조하는 영성이라고 할 수 있다. 또한, 이 책이 목표하는 것은 개신교적 영성의 새로운 도구를 제시한 것이다. 예수님의 네 가지 영성은 우리 개신교 성도들이 본받아야 할 온전한 영성이다. 예수님의 말씀, 이적, 기도, 그리고 목양의 예수님의 네 가지 영성의 조화와 균형을 이룰 때 바른 신학이 되며, 균형 있는 신앙생활과 목회를 할 수 있다. 필자에게 이러한 바른 신학과 균형목회의 깊은 통찰력과 큰 깨우침을 주셨던

분은 필자의 모교회 충신교회 담임 목사님이셨던 박종순 목사님이시다. 이 책은 비록 졸저이지만 필자가 중고등부와 청년부 시절에 다녔던 모교회인 충신교회(통합) 박종순 원로 목사님께 바친다. 박종순 원로 목사님은 필자의 어린 시절에 신앙을 가질 수 있도록 해주셨고, 세례를 주셨고, 결혼 주례를 해 주셨고, 필자가 개척을 할 때도 오셔서 설교를 해 주셨다. 특히 필자가 바른 신학과 균형목회를 할 수 있도록 신학적 토대를 마련해 주신 영적인 아버지이시고, 영적인 스승이시다. 이 책은 박종순 원로 목사님이 어려서부터 가르쳐 주신 신학과 목회를 필자가 정리한 것뿐이다. 비록 졸저이지만 충신교회 박종순 원로 목사님께 이 작은 책을 헌정합니다.

2026. 1. 1

가락동 창문교회 교역자실에서

유은호

목 차

제 4 장 요한복음에 나타난 예수의 목양 영성 / 143

마태복음

제 1 장 마태복음에 나타난 예수의 가르침과 행함의 영성

■ 초 록 ■

본 논문은 마태복음에 나타난 예수의 영성이 '가르침'과 '행함'이라는 점을 밝히고 있다. 연구자는 사회적 정황과 영성적 측면에서 마태공동체의 형태와 성격을 규명하여 예수의 영성을 추적하였다. 그런 차원에서 연구자는 마태공동체 내에는 두 그룹이 존재한다고 보았다. 즉, 한 그룹은 '유대교적 기독교인 그룹'이며, 다른 그룹은 '이방 기독교인 영성 그룹'이다. 이 두 그룹은 예수의 가르침과 행함의 영성을 가지고 서로 대립한다. 그러나 마태는 이 두 그룹의 대립을 공존시키기 위해 이 두 주제를 각각 다른 기능으로 사용한다. 다시 말해, 마태 공동체 내의 유대교적 기독교인 그룹은 예수의 가르침과 행함의 영성을 가지고 유대교 회당과 학문적으로 부분 대립을 하는 데 사용했으며, 이방 기독교인 영성 그룹은 다른 복음서 공동체와 영성의 경쟁과 차별화를 위해 사용했다고 추정한다. 나아가 본 논문은 마태복음에 나타난 예수의 가르침과 행함의 주제를 유대교 회당과의 전면 대립 관계로만 보았던 통상적인 관점에서 벗어나 부분 대립관계로 수정한다. 또한, 마태는 외연을 확장하여 가르침과 행함의 주제를 가지고 선교적 관점에서 다른 복음서 공동체와 영성의 경쟁과 차별화를 위해 사용했다는 점을 부각했다. 특히, 마태공동체는 도시공동체로서 도시의 지식인들을 선교하기 위하여 예수의 가르침과 행함의 영성을 강조했다고 보았다. 따라

서 본 논문은 마태복음에 나타난 가르침과 행함의 주제는 마태공동체
가 선호한 예수의 이상적인 신앙유형이며, 영성이라는 점을 주장하였
다. 본 논문의 연구 방법은 주로 문헌 연구 방법론을 사용하였다. 주로
Q 자료와 마태의 특수자료, 그리고 신약의 사복음서를 주 자료로 삼아
각 복음서 간의 차이점을 병행 구 중심으로 대조 연구하였다. 결론적
으로 연구자는 본 논문을 통하여 마태복음에 나타난 예수의 영성은
가르침과 행함이라는 점을 주장하였다. 아울러 기독교 영성의 기원적
존재인 예수의 영성을 통하여 오늘날 기독교에서 통용되는 영성 혹은
영성가들이 주장하는 영성의 내용과 비교해 보고, 그 진위(眞僞)를 식
별해 보는 기회가 되기를 기대한다.

주제어
마태공동체, 유대교 회당, 영성, 가르침, 행함.

I. 서언

우리 시대를 대표하는 영성 신학자 중 한 사람인 필립 쉘드레이크 (Philip Sheldrake)는 "영성은 여러 방법으로 우리 시대를 특징짓는 중요한 단어가 됐다"라고 했다.1) 그런 차원에서 21세기는 영성의 시대라고 말할 수 있다. 이제 영성은 기독교의 전문 용어가 아니라 일반 기업이나 다른 종교에서도 광범위하게 공유하는 개념이 되었다. 이런 상황에서 타 영성과 구별되는 기독교 영성2)이 무엇인지 다시 한번 규명할 필요가 있다. 또한, 기독교 안에 출처가 분명하지 않은 영성운동이 난무하는 것도 현실적인 문제점 중의 하나다. 이러한 문제를 없애기 위해서 기독교 영성의 원천인 예수의 영성이 무엇인지 밝힐 필요가 있다. 특히, 본 논문은 기독교 안에 잘못된 가르침과 행함이 없는 영성운동을 식별하기 위해 마태복음에 나타난 예수의 "가르침"과 "행함"의 영성을 제시하였다. 한편, 전통적으로 동방정교회와 로마 가톨릭 교회가 관심했던 영성은 주로 수도원을 중심으로 하는 영성에 초점을 맞

* 이 논문은 2020년 대한민국 교육부와 한국연구재단의 지원을 받아 수행된 연구임(NRF-2020S1A5B5A17087416). 이 논문은 유은호, "마태복음에 나타난 예수의 가르침과 행함의 영성,"「신학논단」 109 (2022): 43-81에 발표된 논문임을 밝혀둔다.

1) 필립 쉘드레이크,『미래로 열린 영성의 역사』정병준 옮김 (서울: 한국장로교출판사, 2020), 8.

2) '영성' 혹은 '기독교 영성'에 대해서는 다음을 참조하라. Gerald L. Sittser, "Survey of the History of Christian Spirituality," in *Dictionary of Christian Spirituality,* ed. Glen G. Scorgie (Michigan: Zondervan Press, 2011), 95-101; J. M. Houston, "Spirituality," in *Evangelical Dictionary of Theology,* ed. Walter A. Elwell (Michigan: Baker Book House, 1984), 1046-1051; 유해룡, 『영성의 발자취』(서울: 장로회신학대학교출판부, 2011), 14-72.

추어 왔다. 이들의 영성에 관한 연구는 헤아릴 수 없이 많다. 이에 비해, 기독교 영성의 기원적 존재라고 할 수 있는 "예수의 영성"을 영성 신학적으로 연구한 것은 상대적으로 드물다.3) 바턴(Stephen C. Barton)은 "복음서들의 영성에 관해 쓰인 책들은 놀라우리만큼 적다"라고 했다.4) 특히, 본 논문이 관심하는 마태복음에 나타난 "예수의 영성"5)을 독자적으로 밝힌 논문은 찾아보기 어렵다.6) 타툼(W. Barnes Tatum)은 각 복음서 기자들은 자신들의 독자들과 그들의 상황에 맞게 각각 다른 예수상(portrayals)을 그리고 있다고 했다.7) 따라서 각 복음

---

3) 영성 신학자 루이 부이에는 영성 신학적 관점에서 공관복음서와 요한복음서의 영성을 다루었지만, 예수의 영성과 각 복음서 공동체의 영성이 분명히 구분되지 않고 섞어서 다루고 있다. Louis Bouyer, *The Spirituality of the New Testament and the Fathers* (New York: Desclee Company, 1963), 90-139.

4) 스티븐 C. 바턴, 『사복음서의 영성』 김재현 옮김 (서울: 기독교문서선교회, 1997). 13.

5) 연구자는 마태복음에 나타난 예수의 영성은 "마태공동체가 선호한 예수의 신앙 유형"이라고 정의한다. 따라서 본 논문에서 예수의 "가르침"과 "행함"은 "복음"과는 구별되는 예수의 신앙 유형이라고 보기 때문에 "가르침"과 "행함"을 영성으로 보았다.

6) 조직신학과 성서 신학적 관점에서 포괄적으로 예수의 영성을 다룬 논문은 다음을 참조하라. 박종천은 조직신학적 관점에서 공관복음서에 나오는 예수의 세례와 광야 시험을 통해 아래로부터의 그리스도론의 관점에서 예수의 영성을 해명하고자 했다. 박종천, "예수님의 영성에 대한 조직신학적 연구," 「신학과 세계」 69 (2010): 32-100; 김춘기는 성서신학적 관점에서 예수 영성을 공관복음서 전체를 대상으로 해석하면서 예수의 영성 근거는 기도이며, 세 가지 영성은 말씀, 행위(이적), 십자가(고난)에 나타난 영성이라고 했다. 김춘기, "예수의 영성," 「신학과 목회」 12 (1998): 35-57; 구제홍도 성서신학적 관점에서 마태공동체의 관점에서 예수의 영성을 다루고 있다. 다만 마태복음과 다른 복음서들을 더 철저하게 비교하지 못한 아쉬움이 있다. 마태복음과 다른 복음서를 철저하게 비교해야만 마태복음에 나타난 예수의 영성을 더욱더 명확하게 밝힐 수 있기 때문이다. 구제홍, "마태공동체의 영성적 특징과 사회적 정황," 「대학과 선교」 14 (2008): 101-129.

7) W. Barnes Tatum, *In Quest of Jesus: A Guidebook* (London: SCM

서에 나타난 예수의 영성도 그 영성을 산출해 낸 각기 다른 공동체의 정황과 그들의 동경에 따라 복음서마다 달리 주목받아 나타날 수밖에 없다. 이러한 현상은 각 복음서 공동체의 삶의 자리에서 자기 공동체가 선호하는 영성을 예수의 영성 가운데서 찾았을 가능성을 추정하게 한다. 따라서 복음서에 나타난 예수의 영성을 밝히기 위해서는 각 복음서를 독자적으로 연구해야 한다. 본 논문은 신약의 사복음서 가운데 마태복음으로 연구 범위를 한정하면서 마태가 바라본 예수의 영성을 규명하려고 한다. 마태복음에 나타난 예수의 영성은 마태공동체가 선호한 영성이기 때문에 먼저 마태공동체의 형태와 성격을 규명해야 한다.

슈바이처(Eduard Schweizer)에 의하면, 마태는 누가의 평지 설교(6:20-49)에 포함된 말씀들을 교리문답적 목적으로 변형하고, 보충했으며, 그 이전의 설화들을 자유롭게 열거하면서 예수의 말씀과 설화들을 예배의 형식 속에서 받아들였다고 했다.[8] 슈바이처의 마태복음 해석은 주로 Q 자료와 마가와 누가를 비교하는 편집사적인 관점에 머문다. 마태공동체를 언급하지만, 구체적으로 편집에 관여한 내부의 정황은 언급하지 않는다. 이러한 마태공동체에 관한 평면적 해석으로는 마태공동체 내부의 구체적인 정황을 추정하기 어렵다. 그런 차원에서 스미스(Chares W. F. Smith)의 추정은 슈바이처보다는 한 걸음 더 나아간다. 스미스는 마태공동체의 구성원들은 두 종류의 그룹이 혼합된 상태였다고 추정한다. 즉, 마태복음에 나타난 비유에서 좋고, 나쁨, 유용과 무용, 그리고 지혜로움과 어리석음이 대립하고(13:20-30; 13:47-50; 22:11-14; 25:1-13; 25:31-46) 있기 때문이라고 했다.[9] 그러나 스미스의

Press Ltd, 1983), 37-59, 특히 54. 마가는 십자가에 달리신 그리스도를, 마태는 가르치는 그리스도를, 누가는 우주적 그리스도를, 그리고 요한은 영원한 그리스도 상을 그렸다고 했다.

8) Eduard Schweizer, *The Good News according to Matthew,* trans. David Green (Atlanta: John Knox Press, 1975), 11-14.

9) Chares W. F. Smith, "Mixed State of the Church in Matthew's Gospel,"

추정도 한계가 있다. 스미스도 편집사를 벗어나지 못하고 있으며, 여전히 마태공동체의 구성원들이 누구였는지는 구체적으로 제시하지 못하고 있다. 리드(Carson E. Reed)도 마태공동체 내에 두 그룹을 상정하지만 스미스의 방법론을 뛰어넘지는 못했다.10) 이에 비해, 마태복음의 대립 주제를 가지고 마태공동체를 규명하려는 서중석의 시도는 슈바이처나 스미스, 그리고 리드보다는 설득력이 있다. 서중석은 마태복음의 선교 범위, 율법 해석, 그리고 카리스마적 활동에 관한 주제의 대립을 근거로 마태공동체 내에 두 그룹이 존재했을 가능성을 추정한다. 즉, 한 그룹은 '유대교적 기독교인 그룹'과 또 다른 그룹은 '이방 기독교인 그룹'이다. 그러나 서중석이 제시한 대립 주제들을 자세히 관찰하면 그의 추정에도 일관성이 결여되어 있다.11) 뿐만 아니라 서중석은

JBL 82 (1963): 149-154, 168.

10) 리드는 마태공동체가 시리아의 안디옥에 있었다고 보는 입장인데, 마태공동체에는 유대인 크리스천과 이방인 크리스천이 공존했을 가능성을 말한다. 유대인 크리스천은 안디옥 원주민이 아니라 예루살렘 멸망 이후에 안디옥으로 도망해 온 사람들이고, 이방인 크리스천들은 다양한 민족에서 온 사람들이라고 한다. 그는 이 두 그룹이 섞여 있을 가능성을 마태 1장의 계보에서 찾는다. 마태 1장의 계보가 유대 크리스천을 염두에 둔 것이라면, 계보 안에 다섯 명의 이방 여자들에 대한 언급은 이방 크리스천을 염두에 둔 것이라고 한다. 이외에도 마태에는 이방인에 대한 강조가 여러 곳에 나타난다고 했다(1:3-17; 2:1-13; 4:13-16; 8:5-13; 11:20-24; 12:38-41; 15:21-28; 20:1-16; 21:43; 22:1-14; 24:14, 31; 25:31-46; 27:54; 28:16-20). Carson E. Reed, "Practical Theology in Diverse Ethnic Community Matthew's Gospel as of a Model of Ministry," *RQ* 60 (2018): 166-169, 특히 168.

11) 서중석, "마태공동체의 내부대립과 공존," 「신학사상」 67 (1989): 905. 서중석은 마태공동체는 선교 범위의 주제로 두 그룹이 대립하고 있다고 추정한다. 즉, "마태복음 10장 5-6절이나 15장 24절은 마태공동체 내의 유대교적 기독교인 그룹의 자기 이해가 표출된 것으로 볼 수 있다. (...) 반면에, 28장 19-20절은 자신의 선교적 노력을 모든 이방인에게로 확장하기를 원했던 마태공동체 내의 이방 기독교인 그룹의 희망이 담긴 것으로 볼 수 있다."라고 말한다. 따라서 서중석은 선교 범위에 있어서 마태공동체 내에 "유대교적 기독교인 그룹"과 "이방 기독교인 그룹"이 대립하고 있다는 것

마태복음에 현저하게 나타나는 예수의 '가르침'과 '행함'의 주제를 대립 주제로 다루지 않는다. 그러나 마태복음에는 '가르침'과 '행함'이 대립 주제로 사용되고 있다. 즉, 마태공동체 내의 유대교적 기독교인 그룹은 예수의 가르침과 행함의 주제를 가지고 유대교 회당과 전면 대립의 기능으로 사용하려고 했고, 이방 기독교인 영성 그룹12)은 다른 복음서

이다. 나아가 912쪽에서는 율법에 대한 대립 주제에 관하여 말하기를 "모세의 율법에 대한 '예수의 새로운 율법'의 제시는 마태공동체 내의 유대교적 기독교인 멤버들과 이방 기독교인 멤버들의 대립의 분위기를 드러내 보여준다"라고 말한다. 이처럼 서중석은 율법에 대한 대립 주제에 관해서도 마태공동체 내의 "유대교적 기독교인 멤버들"과 "이방 기독교인 멤버들"의 대립의 분위기가 보인다고 말한다. 그런데 915-916쪽에서 밝힌 세 번째 대립 주제인 참 카리스마와 거짓 카리스마적 활동을 한 그룹이 어떤 그룹인지 구체적으로 언급하지는 않는다. 다만 일군의 그룹이었다고만 언급한다. 즉, "한편, 마태공동체에는 이러한 참 카리스마적 활동을 거짓 카리스마적 활동으로부터 구분하고 후자를 비판하는 일군의 멤버들이 있다"고만 말한다. 서중석은 일군의 멤버들이 마태공동체 내의 "유대교적 기독교인 멤버들"인지 아니면 "이방 기독교인 멤버들"인지 분명하게 밝히고 있지 않다. 이처럼 서중석은 선교 범위와 율법 해석에서는 대립한 그룹을 구체적으로 밝히지만, 카리스마적 활동에 관한 대립 주제에서는 각 그룹과의 연관을 넌지시 생략하고 넘어가고 있다. 나아가 서중석은 1989년 논문에서는 마태공동체 내에 참 카리스마 그룹과 거짓 카리스마 그룹, 즉 두 그룹이 있었다고 주장했는데, 24년이 지난 2013년 논문(서중석, "예수의 카리스마적 지도력과 마태공동체," 「신학논단」 74 (2013))에서는 한 그룹이 더 추가되어 세 종류의 카리스마 그룹이 있다고 주장한다. 즉, "마태공동체 내에는 세 종류의 카리스마 그룹이 있다. 실천적 그룹, 극단적 그룹, 이념적 그룹, 이 세 가지가 그것들이다"(51쪽)라고 말한다. 그런데 여기서도 각 그룹이 "유대교적 기독교인 그룹"인지 아니면 "이방 기독교인 그룹"인지 구체적으로 밝히고 있지 않다. 더 나아가 서중석은 그다음 해인 2014년에 쓴 논문(서중석, "예수의 선교 명령과 마태공동체," 「신학논단」 75 (2014))에서도 동일하게 마태공동체 내에는 세 개의 카리스마 그룹이 있었다고 주장한다. 즉, "마태공동체 내에는 실천적 카리스마 그룹, 이념적 카리스마 그룹, 극단적 카리스마 그룹 등 세 카리스마 그룹이 있었다"(94쪽)고 말한다. 그런데 여기에서도 각각의 카리스마 그룹의 구성원들이 누구였는지는 구체적으로 밝히고 있지 않다.

12) 여기서 "이방 기독교인 영성 그룹"이라고 한 것은 학문적인 관심을 둔 "유대교적 기독교인 그룹"에 비해 상대적으로 영성에 관심을 둔 그룹이었

공동체와 영성의 경쟁과 차별화로 사용하려고 했다. 이에 마태는 이 두 그룹의 대립을 공존시키기 위해 이 두 주제를 각각 적절하게 사용한다. 다시 말해, 마태공동체 내의 유대교적 기독교인 그룹은 예수의 가르침과 행함의 영성을 유대교 회당과 부분 대립을 하는 데 사용하고, 이방 기독교인 영성 그룹은 다른 복음서 공동체와 영성의 경쟁과 차별화를 위해 사용하였다.13) 연구자는 서중석의 가설을 수용하여 마태공동체 내에 두 그룹의 존재를 인정하면서도 '이방 기독교인 그룹'에 대해서는 구체적으로 예수의 영성에 관심한 영성 그룹이라고 추정한다.

다는 점을 강조하기 위해서 "영성 그룹"이라고 했다.

13) 신약의 사복음서는 각각 예수의 영성을 달리 강조한다. 예를 들어, 마가는 예수의 "이적"을, 누가는 "기도"를, 요한은 "목양"을 강조한다. 이렇게 각기 다른 예수의 영성을 강조하는 것은 각각의 복음서 공동체가 처한 상황에 따라 관심이 다르기 때문이다. 마태는 도시공동체의 지적 수준에 걸맞게 선교적 차원에서 예수의 "가르침"과 "행함"의 영성을 강조한다. 각 복음서 기자가 각기 다른 예수의 영성을 강조하는 것은 자신들이 처한 상황에 맞게 선교적 차원에서 다른 복음서 공동체와 예수의 영성 내용을 가지고 선의의 경쟁과 차별화를 시도했기 때문이다.

II. 마태공동체와 유대교 회당

　　스텐달(K. Stendahl)은 양식 비평(Form Criticism)의 의견을 고려하면서 마태복음의 삶의 정황(Sitz im Leben)을 하나의 학파(school)로서의 가능성을 가지고 연구할 것을 제안했다. 즉, 마태가 마가를 의존하더라도 마태복음에 학파의 흔적을 인식할 수 있는 부분이 있다는 것이다. 따라서 마태복음은 하나의 학파에서 비롯된 안내서(handbook)라고 했다. 다만, 마태복음은 단순하게 디다케(Didache)나 쿰란 분파의 편람(the Manual of the Qumran Sect)으로는 볼 수 없고, 그렇다고 단순히 교리문답적인(catechetical) 것으로도 설명되지 않는다고 했다. 이러한 이유로 마태 학파의 문학작품은 교회 내의 가르침(teaching)과 행정(administration)의 편람(manual)의 형태였다고 추정할 수 있다고 했다.14) 이처럼 스텐달은 마태교회를 하나의 학파로서 주로 마태복음의 문학적 성격을 규명하는 데 관심했다. 서중석은 스텐달보다 한 걸음 더 나아가 사회적 정황을 제시하면서 마태공동체가 유대교와 논쟁하고 있었던 학문공동체였다고 추정한다. 서중석은 마태공동체가 학문공동체였으리라는 가정은 마태 23장 8절을 통해 간접적으로 보강된다고 했다. "너희는 랍비라 칭함을 받지 말라. 너희 선생은 하나요, 너희는 다 형제니라." 이 구절은 마태공동체 내에 서로 랍비라 칭함을 받으려는 분위기가 팽배해 있었음을 상정할 수 있으며, 토론과 논쟁과 교육을 수반한 랍비적인 학문 활동이 왕성했던 정황이 반영되어 있다

---

14) K. Stendahl, *The School of St. Matthew and Its Use of the Old Testament* (Uppsala: CWK Gleerup, 1968), 11-35. 타툼도 마태는 믿음과 실천의 문제를 다룬 유대 크리스천 공동체를 인도하기 위한 교회 책(churchbook)으로 그의 복음서를 체계화시켰다고 보았다. Tatum, *In Quest of Jesus A Guidebook*, 46.

는 것이다.15) 그러나 마태복음을 자세히 관찰해 보면 서중석의 규정은 부분적으로는 맞지만, 부분적으로 문제가 발생한다. 왜냐하면, 마태공동체가 일정 부분 학파의 성격을 띤다고 하더라도 마태공동체는 기본적으로 신앙을 목적으로 하는 신앙(영성) 공동체이기 때문이다. 다시 말해, 예수가 가르치는 교사로 주목받아 나타났다고 해서 마태공동체를 일방적으로 학문공동체로만 규정하는 것은 논리의 비약일 수 있다. 따라서 서중석이 마태공동체가 유대교와 논쟁하고 있었기 때문에 학문공동체라고 규정하는 것은 단지 사안의 절반만 다루고 있는 것이다. 즉, 마태공동체는 학문공동체로서 부분적으로 예수의 가르침과 행함의 주제를 가지고 유대교 회당과 논쟁하는 데 사용했을 뿐만 아니라 다른 한편으로는 도시에 있는 마태공동체의 성격에 맞게 효과적인 선교를 위해서 예수의 가르침과 행함을 사용했다고 추정할 수 있다. 실제로 마태복음에는 마태공동체와 유대교 회당과 대립하는 듯한 본문도 있지만 그렇지 않은 무 대립의 본문도 함께 공존하고 있기 때문이다. 이것은 마태공동체가 유대교 회당과 학문적으로 전면 대립하고 있었던 것이 아니라 부분 대립하고 있었다는 것을 추정해 볼 수 있는 근거가 될 수 있다. 먼저 마태공동체와 유대교 회당이 대립하는 듯한 본문을 살펴보겠다.

---

15) 서중석, "마태공동체의 형태," 「기독교사상」 35 (1991): 148, 151-154. 서중석은 마태는 예수를 가르치는 교사로 제시하였으며 특히, 마태 13장 52절 "그러므로 하늘나라를 위해 훈련된 율법 학자마다 마치 새것과 옛것을 그 곳간에서 내어오는 집주인과 같다."를 보면 마태 자신은 물론 그가 속한 공동체 멤버들 가운데 기독교로 전향한 율법학자들이 많이 있었다는 것을 반영해 준다는 것이다. 나아가 마태 23장 4절은 기독교 율법학자들을 유대교 율법학자들에게 파송하기로 했으나, 그들은 빈번히 유대교 율법학자들에게 핍박을 당했던 것으로 암시된다고 하였다. 즉, 마태공동체는 유대교와 논쟁하고 있었던 학문공동체였다는 것이다. 그러나 서중석은 2013년 논문에서 다소 이런 입장을 보완하는 듯하다. "마태공동체는 학문공동체의 성격을 드러내기도 하고, 유대교와 격렬하게 다투는 논쟁 공동체의 성격을 표출하기도 하나, 지배적인 성격은 카리스마적 공동체이다." 서중석, "예수의 카리스마적 지도력과 마태공동체," 44.

1. 마태공동체와 유대교 회당과의 대립

오버만(J. Andrew Overman)은 마태 당시에 분리주의적 공동체들은 유대교 지도자들에 대해 적대적이었는데 마태공동체도 A.D. 70년 이후에 유대교 지도자들에 대해 같이 적대적인 태도를 보이고 있었다고 한다. 특히, 마태공동체는 그들의 경쟁자인 서기관과 바리새인들에게 대항하여 규범과 가치를 재해석했으며, 마태복음서 전체를 통하여 볼 때 유대교와 유대교 지도자들과 논쟁하는 것은 분명하다고 했다. 특히, 마태 23장은 논쟁의 절정을 보여준다고 했다.16) 시니어(Donald Senior)도 마태의 주기도문은 정교한 회당 기도문인 쉐모나 에스레(Shemonah Esreh)의 의식적인 반대이며, 또한, 산상수훈의 대조 형식구("너희가 들었으나 나는 너희에게 이르노니"(5:22-48)는 예수의 토라(Torah)를 바리새인들의 율법에 대한 해석과 대립시킨 것이라고 했다.17) 실제로 마태복음을 살펴보면 마태공동체와 유대교 회당, 서기관, 그리고 바리새인과 대립하는 듯한 본문이 여러 곳에 나타난다.

첫째, 마태복음에는 마태공동체가 유대교 회당과 대립하는 듯한 본문이 여러 곳에 나타난다. 마태는 유대교 회당을 가리켜 삼인칭으로 표현하면서 "그들의 회당"이라고 했다(4:23). 누가는 회당에 대한 언급이 없다(6:17). 나아가 마태는 9장 35절에서 회당을 가리켜 "그들의 회당"이라고 했다. 또한, 마태 12장 9절에서도 "그들의 회당"이라고 했다. 이에 비해, 마가는 "그들의 회당"이라는 표현을 사용하지 않는다(3:1).

---

16) J. Andrew Overman, *Matthew's Gospel of Formative Judaism: The Social World of the Matthean Community* (Minneapolis: Fortress Press, 1990), 21-23, 141-147.

17) 도날드 시니어, 『최근 마태신학 동향』 홍찬혁 옮김 (서울: 기독교문서선교회, 1992), 21.

누가는 "그들의"를 생략하고 단지 "예수께서 회당에 들어가서"라고만 했다(6:6). 더 나아가 마태 13장 54절에는 예수가 "그들의 회당에 들어가서 가르치셨다"라고 했다. 마가는 "회당에서 가르치시니"로만 기록하고 "그들의"를 생략한다(6:2). 누가도 "그들의"가 생략된 채 "회당에 들어가사"라고만 했다(4:16). 아울러 마태는 23장 34절에서 "너희 회당"에서 채찍질할 것이라고 했다. 누가는 "너희 회당"은 생략하고 "박해하리라"만 기록한다(11:49). Q 11장 49절에는 "너희 회당"이 없다.18) 이것을 보면 누가는 Q를 충실히 따르고 있는데 비해, 마태는 Q에 없는 "너희 회당"을 첨가한다. 여기에서 마태가 "그들의 회당"을 강조하는 것은 마태공동체의 현 위치가 유대교 회당 밖이라는 것을 명백하게 보여주는 증거이다.19) 서중석은 마태공동체가 "그들의 회당"(4:23; 9:35; 10:17; 13:54; 23:34)이라는 표현을 통해 유대교로부터 자신을 구분 지은 흔적을 남긴 것은 마태공동체가 유대교 회당과 결별한 또 다른 유대교 종파였기 때문이며, 그로 인해 유대교 회당으로부터 적대와 핍박을 받았기 때문이라고 했다.20) 아울러 마태의 특수자료인 13장 24-30절에 나오는 '가라지 비유'에서 마태는 원수가 뿌린 "가라지를 뽑지 말고 추수 때까지 기다리라"라고 했다. 여기의 "가라지"는 유대교 회당을 상징한다고 볼 수 있다. "가라지 비유"에 대한 예레미야스 (Joachim Jeremias)의 해석은 비유의 배경에 대해 정곡을 찌른 것이라 하겠다. 즉, 예레미야스는 예수가 거룩한 남은 자 사상을 가진 바리새인 공동체에 대해 전쟁을 선포하고, 율법을 모르는 저주받은 사람들을

---

18) James M. Robinson et al., *The Critical Edition of Q* (Minneapolis: Fortress Press, 2000), 284.

19) Ulrich Luz, *Das Evangelium nach Matthäus* 1. Teilband Mt 1-7 (Neukirchen-Vluyn: Neukirchener Verlag, 1985), 179. 정용한은 마태공동체의 위치를 유대교 안과 밖으로 규정할 수 없다고 했다. 정용한, "마태 공동체와 유대교 관계 연구를 위한 새로운 제안," 「신학논단」 72 (2013): 219.

20) 서중석, "예수의 선교 명령과 마태공동체," 88.

모은 것 때문에 종교적 리더들의 분노를 일으켰기 때문에 이에 대한 대답으로 가라지 비유(13:24-30)와 그물 비유(13:47 이하)를 했다고 보기 때문이다.21)

둘째, 마태복음에는 마태공동체가 서기관과 대립하는 듯한 본문이 여러 곳에 나타난다. 마태는 동방박사가 유대인의 왕으로 태어난 자를 찾으러 왔다고 하자 헤롯 왕이 대제사장과 서기관을 모아 "그리스도가 어디서 나겠느냐"(2:4)라고 묻는다. 마태는 서기관을 헤롯에 동조하는 부정적인 이미지로 묘사한다. 또한, 마태는 예수의 가르침이 "그들의 서기관"과 같지 않다고 평가한다(7:28-29). 마태는 유대교 회당을 부정적으로 언급할 때 "그들의 회당"이라는 표현을 자주 썼던 것 같이 "그들의 서기관들"이라고 쓰면서 마태공동체와 서기관이 대립하는 것 같이 표현한다. 또한, 마태는 한 서기관이 예수를 따르려고 하자 "여우도 굴이 있고 공중의 새도 거처가 있으되 인자는 머리 둘 곳이 없다"(8:19-20)라고 말하며 서기관이 따르겠다고 한 것을 거부한다. 누가는 서기관 대신 "어떤 사람"이라고 익명으로 처리한다(9:57-58). 마태는 의도적으로 서기관을 거명하면서 그에 따름을 거부한다. 나아가 마태 22장 23-33절에서 예수는 사두개인과 부활 논쟁을 한다. 마가는 서기관이 예수를 칭찬하는 부분이 없다(12:18-27). 그러나 누가는 서기관 중 어떤 이가 예수가 잘 말했다고 예수를 긍정적으로 옹호한다(20:39). 여기서 마태는 서기관에 대한 부정적 시각 때문인지 마가를 충실하게 따르면서도 누가와는 달리 서기관에 대한 긍정적인 부분은 언급하지 않는다. 더 나아가 마태 27장 41절에서 대제사장들과 서기관들과 장로들이 십자가에 못 박히신 예수를 희롱한다. 마가는 대제사장들과 서기관들이 희롱한다(15:31). 누가는 군인들이 희롱한다(23:36). 마태는 마가를 충실히 따르면서 서기관이 희롱한 부분을 생략하지 않는다.

---

21) Joachim Jeremias, *The Parables of Jesus* (London: SCM Press Ltd, 1983), 223-224.

셋째, 마태복음에는 마태공동체와 바리새인이 대립하는 듯한 본문이 여러 곳에 나타난다. 마태 12장 14절에서 예수가 회당에서 안식일에 손 마른 자를 고쳐주자 "바리새인들이 나가서 어떻게 하여 예수를 죽일까 의논하거늘"이라고 했다. 마가는 "바리새인들이 나가서 헤롯당과 함께 어떻게 하여 예수를 죽일까 의논하니라"라고 했다(3:6). 누가는 예수를 죽이려고 하는 내용이 없다(3:6). 마태는 마가의 전승을 충실히 따르면서 헤롯당은 생략하고 독자적으로 예수를 죽일까 의논한 자로 바리새인을 지명한다. 나아가 마태 19장 3절에서 예수는 이혼에 대해 가르칠 때 "바리새인들"이 예수를 시험한다. 마가도 "바리새인들"이 예수를 시험한다(10:2). 마태는 마가의 전승을 충실히 따르면서 바리새인들이 예수를 시험했다고 보도한다. 더 나아가 마태의 특수자료인 27장 62-66절에서 대제사장들과 바리새인들이 빌라도에게 제자들이 예수의 시체를 훔쳐 가지 못하도록 예수의 시체를 무덤에서 지키라고 요구한다. 여기에 바리새인들이 등장한다.

이 외에도 마태복음에는 유대교 회당의 서기관과 바리새인을 함께 묶어서 대립하는 듯한 본문들도 있고(5:20; 6:1, 2, 5, 6, 16; 7:5; 8:28; 9:27-31; 23:1-36; 23:16, 17, 19, 24, 26; 13:38; 15:1; 20:1-16; 23:35), 바리새인과 사두개인과 대립하는 듯한 본문도 있으며(3:7), 대제사장과 바리새인과 대립하는 듯한 본문도 나온다(21:45). 이런 점에서 마태공동체는 유대교 회당과 서기관과 바리새인과 대립하고 있었다고 보인다. 특히, 마태공동체는 그 가운데서도 바리새인(12:14; 19:3; 27:62-66)보다는 서기관(2:4; 7:28-29; 8:19-20; 22:23-33; 27:41)과 더욱더 대립한 것 같이 보인다. 아마도 서기관을 더 부정적으로 묘사한 것은 마태공동체 내의 유대교적 기독교인 그룹의 주 멤버인 기독교 서기관들[22]

---

22) 마태공동체 내에 기독교 서기관이 존재했을 가능성을 배제할 수는 없다. 타툼은 유대교와 마태 저자의 관계성이 무엇이든지 간에 그는 유대 기독교 서기관으로서 예수에 관하여 썼다고 했다. Tatum, *In Quest of Jesus A Guidebook*, 46.

과 유대교 회당의 서기관들이 학문적으로 대립하고 있었기 때문으로 추정해 볼 수 있다. 그런데도 마태복음에는 마태공동체와 유대교 회당, 서기관, 그리고 바리새인과 대립하지 않는 듯한 무(無) 대립의 본문도 함께 공존한다.

2. 마태공동체와 유대교 회당과의 무(無) 대립

마태복음을 보면 마태공동체와 유대교 회당, 서기관, 그리고 바리새 인과 무 대립하고 있는 듯한 본문들이 나타난다. 첫째, 마태복음에는 마태공동체가 유대교 회당과 무 대립하는 듯한 본문이 여러 곳에 나 타난다. 마태 10장 17절에서 예수는 "사람들을 삼가라 그들이 너희를 공회에 넘겨주겠고 그들의 회당에서 채찍질하리라."라고 했다. 마가는 "사람들이 너희를 공회에 넘겨주겠고, 너희를 회당에서 매질하겠으 며"(13:9)라고 했다. 누가는 "너희에게 손을 대어 박해하며 회당과 옥 에 넘겨주며"(21:12)라고 했다. 이것을 보면 마태공동체만 유대교 회당 과 독자적인 대립 상황이었다고만 보기 어렵다. 마가와 누가의 본문도 유대교 회당과 대립하고 있기 때문이다. 나아가 마태 23장 34절에서 "너희 회당에서 채찍질을 하고"라고 했고, 마가는 "매질하겠으며"(13: 9), 누가는 "회당과 옥에 넘겨주며"(21:12)라고 기록한다. 요한은 아예 출교 시킨다(9:22; 12:42; 16:2). 서중석은 요한공동체가 처음에는 유대 교 회당 안에 있었지만, 출교 후 더 이상 요한공동체는 유대교 회당 내의 한 그룹이 아니라 독립된 정체성을 갖게 되었다고 했다.23) 이것

---

23) 서중석, "요한복음에 대한 사회심리학적 해석," 「신약논단」 19 (2012):

을 보면 출교는 채찍질이나 매질보다 더 심한 처벌이다. 즉, 마태공동체보다 오히려 요한공동체가 유대교 회당과 전면 대립하고 있는 것처럼 보인다. 이처럼 마태복음에 유대교 회당과 무 대립하는 듯한 본문이 있는 것은 마태공동체와 유대교 회당이 아직은 전면 대립이 아니라 부분 대립하고 있었을 가능성을 상상하게 한다.

둘째, 마태복음에는 마태공동체가 서기관과 무 대립하는 듯한 본문이 여러 곳에 나타난다. 마태 12장 14절에서 예수가 안식일에 손 마른 자를 고쳐주자 "바리새인들이 나가서 어떻게 하여 예수를 죽일꼬 의논하거늘"이라고 했다. 마가는 "바리새인이 나가서 곧 헤롯당과 함께 어떻게 하여 예수를 죽일까 의논하니라"(3:6)라고 했다. 누가는 "서기관과 바리새인들이 예수를 고발할 증거를 찾으려 하여 안식일에 병을 고치는가 엿보니"(6:7)라고 했다. 여기서 마태는 마가를 충실히 따른다. 이에 비해, 누가는 "바리새인"만이 아니라 "서기관"을 서두에 위치시킨다. 만약 마태가 서기관과 대립 관계에 있었다면 서기관을 첨가했을 텐데 오히려 누가가 첨가한다. 이것을 보면 마태가 서기관과 대립 관계에 있었다는 추정은 다소 설득력을 잃는다. 나아가 마태 12장 24절에서 "바리새인들은 듣고 이르되 이(예수)가 귀신의 왕 바알세불을 힘입지 않고는 귀신을 쫓아내지 못하느니라"라고 하자 34절에서 예수가 바리새인을 향해 "독사의 자식들아" 하면서 바리새인들을 비판한다. 마가는 "예루살렘에서 내려온 서기관들은 그(예수)가 바알세불을 지폈다 하며 또 귀신의 왕을 힘입어 귀신을 쫓아낸다"(3:22)라고 했다. 여기서 마가는 서기관들을 비판한다. 누가는 "그중에 더러는 말하기를 그가 귀신의 왕 바알세불을 힘입어 귀신을 쫓아낸다"(11:15)라고 하면서 말한 사람이 누구인지 밝히지 않고 익명으로 처리한다. 만약 마태가 서기관과 대립 관계에 있었다면 마가의 서기관을 계승하지 않을 이유가 없다. 더 나아가 마태 16장 21절에서 예수는 "장로들과 대제사

117.

장들과 서기관들에게 많은 고난을 받고 죽임을 당하고"(16:21)라고 했
다. 마가는 "장로들과 대제사장들과 서기관들에게 버린 바 되어 죽임
을 당한다"(8:31)라고 했다. 누가는 마가를 따른다(9:22). 따라서 마태
와 누가가 마가를 충실히 계승했다는 점에서 마태의 이 본문으로 서
기관과 대립 관계로 본다면 형평에 맞지 않는다. 한편, 마가 12장 40절
에서 "그들은(서기관들) 과부의 가산을 삼키며"라고 했다. 누가는 마가
를 그대로 인용한다(20:47). 그런데 이 기사에 대한 마태의 병행 본문
은 없다. 만약 마태가 서기관과 대립 상황이었다면 마태가 이 본문을
마가에서 빌리지 않을 이유가 없다. 따라서 마태가 서기관과 대립하고
있다는 주장은 이 본문 때문에 다소 손상을 입는다. 아울러 마태 21장
15절에서 예수가 성전을 청결하게 할 때 "대제사장들과 서기관들이 예
수께서 하시는 이상한 일과 또 성전에서 소리 질러 호산나 다윗의 자
손이여 하는 어린이들을 보고 노하여"라고 했다. 마가는 "대제사장들
과 서기관들이 듣고 예수를 어떻게 죽일까 꾀하니"(11:18)라고 했다.
누가는 "예수께서 날마다 성전에서 가르치시니 대제사장들과 서기관들
과 백성의 지도자들이 예수를 죽이려고 꾀하되"(19:47)라고 했다. 여기
서 마태의 서기관은 분노하지만 마가와 누가의 서기관은 예수를 죽이
려고 한다. 즉, 마태보다 마가와 누가가 서기관을 더 부정적으로 묘사
한다. 마태가 서기관과 대립하는 상황이었다면 마태가 왜 마가를 따르
지 않았을까가 의문시된다. 나아가 마태 21장 23절에서 예수가 성전에
서 "대제사장과 백성의 장로들"과 논쟁한다. 마가는 "대제사장들과 서
기관들과 장로들"과 논쟁한다(11:27). 누가는 "대제사장들과 서기관들
과 장로들"과 논쟁한다(20:1). 마가와 누가는 서기관을 언급한다. 그런
데 오히려 마태는 서기관을 삭제한다. 만약 마태공동체가 서기관과 대
립하고 있었다면 서기관을 삭제할 이유가 없었을 것이다. 더 나아가
마태 22장 15-16절에서 "바리새인들이" 세금 문제로 예수의 말에 올무
를 놓으려고 "헤롯 당원들"과 함께 예수를 시험했다고 보도한다. 마가
는 "바리새인과 헤롯당"이 사람을 보내어 예수를 시험한다(12:13). 누

가는 "서기관들과 대제사장들"이 예수를 즉시 잡고자 한다(20:19). 마태는 마가를 충실히 따르면서 바리새인만 언급하지만 누가는 서기관을 언급하면서 서기관을 대제사장보다 앞에 위치시킨다. 이것을 보면 마태보다 누가가 서기관을 더 부정적으로 언급하는 것같이 보인다. 또한, 마태 22장 35절에서 바리새인 중에 "한 율법사"가 예수에게 가장 큰 계명에 대해 시험할 의도로 묻는다. 마가는 "서기관 중에 한 사람"이 시험한다(12:28). 누가는 "어떤 율법사"가 시험한다(10:25). 이것을 보면 마태의 율법사의 시험은 마태만의 특별한 시험이 아니라 마가나 누가에서도 보편적으로 행한 시험이다. 또한, 마태 22장 41절에서 "바리새인들"이 그리스도와 다윗 자손의 관계 문제로 예수와 논쟁한다. 마가는 "서기관들"이 논쟁한다(12:35). 누가도 "그들(서기관들)"이 논쟁한다(20:40). 마태가 서기관과 대립하고 있었다면 마가를 충실히 계승하면서 "서기관들"을 빌렸을 텐데 그렇지 않은 것을 보면 마태공동체와 서기관이 대립 상황에 있었는지를 의심하게 한다. 나아가 마태 26장 57절에서 예수가 대제사장 가야바에게 잡혀갔을 때 그곳에는 "서기관과 장로들"이 모여 있었다. 마가는 "대제사장들과 장로들과 서기관들"이 모여 있었다(14:53). 누가는 "백성의 장로들 곧 대제사장들과 서기관들"이 모여 있었다(22:66). 이것을 보면 마태의 서기관 언급은 특별한 언급이 아니라 마태가 마가를 충실히 따르고, 누가도 마가를 충실히 따른 결과이다. 이 본문만 보면 마태의 서기관 언급이 대립을 목적으로 기술했는지가 분명하지 않다. 더 나아가 마태 27장 1절에서 "대제사장과 백성의 장로들"이 예수를 죽이려고 의논한다. 마가는 "대제사장들이 즉시 장로들과 서기관들"이 예수를 결박하고 빌라도에게 넘겨준다(15:1). 누가는 "무리가 다 일어나 예수를 빌라도에게 끌고" 간다(23:1). 여기서 마태에는 서기관이 나오지 않고, 오히려 마가에 서기관이 나온다. 마태가 마가를 인용할 때 서기관과 대립 상황이었다면 서기관을 생략했다는 것이 이해가 가지 않는다. 더 나아가 마태 27장 41절에서 "대제사장들과 서기관들과 장로들"이 함께 예수를 희롱한다.

마가는 "대제사장들도 서기관들"과 함께 희롱한다(15:31). 누가는 "군인들도" 희롱한다(23:36). 마태는 마가를 충실히 따른다. 여기서도 마태가 유난히 서기관과 대립하는 것 같이 보이지 않는다. 이처럼 마태복음에 서기관과 무 대립하는 듯한 본문이 있다는 것은 마태공동체와 서기관이 전면 대립이 아니라 부분 대립하고 있었을 가능성을 추정하게 한다.

셋째, 마태복음에는 마태공동체가 바리새인과 무 대립하는 듯한 본문이 여러 곳에 나타난다. 마가 8장 15절에서 "바리새인들의 누룩과 헤롯의 누룩을 주의하라"라고 했다. 누가는 "바리새인의 누룩 곧 외식을 주의하라"(12:1)라고 했다. 마태에는 병행 본문이 없다. 만약 마태공동체가 바리새인과 대립하는 상황이었다면 마가의 전승을 생략할 리가 없다. 나아가 마태 16장 1절에서 "바리새인과 사두개인들이 와서 예수를 시험하여 하늘로부터 오는 표적 보이기를 청했다"라고 했다. 마가는 "바리새인들이" 표적을 구한다(8:11) 만약 마태가 바리새인과 대립 상황이었다면 마가 전승을 그대로 계승하지 사두개인을 첨가할 이유가 없었을 것이다. 이처럼 마태공동체가 바리새인과 무 대립하는 듯한 본문이 있다는 것은 마태공동체와 바리새인이 전면 대립이 아니라 부분 대립하고 있었을 가능성을 추정하게 한다.

따라서 위에 제시한 본문들을 보면 마태는 바리새인(16:1)보다는 서기관(12:14; 12:24; 16:21; 21:15; 21:23; 22:15; 22:35; 22:41; 26:57; 27:1; 27:41)과 더욱더 무 대립을 하는 듯이 보인다. 마태공동체가 유대교 회당과 무 대립의 본문들로 추정할 수 있는 것들이 존재한다는 것은 마태공동체 전체의 구성원이 유대교 회당과 전면 대립의 목적으로 예수의 가르침과 행함을 강조한 것이 아닐 수 있다는 가능성을 열어 놓는다. 즉, 이런 통계적 상식의 반론 앞에서 마태공동체와 유대교 회당이 전면 대립이라는 주장은 힘없이 약화되고, 부분 대립으로 관계를 재설정할 수밖에 없는 상황에 직면하게 된다. 그런 차원에서 슈바이처의 추정은 설득력이 있다. 슈바이처에 의하면, 바리새적 가르침에 대한

계속되는 권위를 지지하는 마태 23장 2-3절이 보존되어 있다는 것은 유대교 회당과의 대화가 아직은 완전히 깨어지지 않았다는 것을 보여주는 증거라는 것이다.24) 이러한 정황은 예수의 가르침과 행함이 유대교 회당과 부분 대립했다는 가능성과 함께 예수의 가르침과 행함의 주제가 또 다른 목적을 위해 사용되었을 가능성을 열어 놓는다. 다시 말해, 마태공동체 내에 기독교 서기관이 주축을 이루는 유대교적 기독교인 그룹은 유대교 회당과 학문적 논쟁을 위해 부분 대립했다면, 마태공동체 내에 또 다른 이방 기독교인 영성 그룹은 자기들의 도시공동체의 상황에 맞게 도시 교회의 특성상 설교 형식을 띤 가르침과 행함이라는 교육적 방법론을 요청하는 선교대상자들에게 선교 전략적 필요와 다른 복음서 공동체와의 영성의 경쟁과 차별화를 위하여 예수의 가르침과 행함을 특화시켰을 가능성을 배제해서는 안 된다.25) 다음 장에서는 마태공동체 내의 두 그룹의 대립을 공존시키는 역할을 한 예수의 가르침의 영성을 다루도록 하겠다.

---

24) Schweizer, *The Good News according to Matthew*, 16.

25) 서중석은 마태공동체는 '시리아의 어떤 한 도시공동체'였을 것으로 추정한다. 서중석, "마태공동체의 형태," 138-147, 특히 147. 리드는 마태복음이 만약 시리아의 안디옥에서 집필되었다면 안디옥같이 조밀한 인구가 있고, 바쁜 도시에서는 설교에서 많은 도전을 얻었을 것이라고 했다. Carson E. Reed, "Practical Theology in Diverse Ethnic Community Matthew's Gospel as of a Model of Ministry," 166.

III. 예수의 가르침의 영성

타툼(W. Barnes Tatum)은 마태가 다섯 개의 그룹으로(5-7; 10; 13; 18; 24-25) 예수의 가르침을 배열했으며, 다섯 개의 그룹에 의도적으로 가르침의 자료들을 체계화시킨 증거들 즉, 틀에 박힌 구절인 "예수께서 말씀을 마치시고"(7:28; 11:1; 13:53; 19:1; 26:1)가 있다고 했다.26) 여기서 타툼은 베이컨(Benjamin Wisner Bacon)의 가설27)을 비판 없이 따르고 있다. 이에 반해 킹스베리(Jack Dean Kingsbury)는 베이컨을 따르는 이러한 가설을 재고해야 한다고 주장한다. 그러면서도 다른 본문을 들어서 마태복음에 나타난 예수를 교사로 묘사하는 것에는 동의한다. 즉, 마태는 요약문에서 평행 강조를 하면서 가르침(4:23; 9:35; 11:1)과 치유(4:23; 9:35)라는 동사를 강조했다고 한다. 그런데 흥미로운 것은 마태는 가르침과 복음 선포를 완전한 조화로 결합하고 있으며, 예수를 이스라엘의 선생(teacher)으로 제시하고 있다는 것이다(4:23; 5:1-2; 7:28-29; 9:35; 11:1).28) 믹스(W. Meeks)도 마태의

---

26) Tatum, *In Quest of Jesus A Guidebook*, 42.
27) Benjamin Wisner Bacon, *Studies in Matthew* (New York: Holt, Rinehart & Winston, 1930).
28) Jack Dean Kingsbury, *Matthew: Structure, Christology, Kingdom* (Philadelphia: Fortress Press, 1975), 1-39, 특히 20. 킹스베리는 베이컨이 주장한 예수의 설교(가르침)를 강조하기 위해 구분한 다섯 담론의 구조(7:28; 11:1; 13:53; 19:1; 26:1)를 재고해야 한다고 주장한다. 이것은 베이컨이 오경과 마태를 비교했기 때문이며, 마태의 구조를 규범적인 교회론에 따라 보았기 때문이라고 한다. 킹스베리는 마태복음은 그리스도론적 성격에 관심이 집중되었기 때문에 마태는 그리스도론을 주장하기 위해 중요한 세 부분(1:1-4:16; 4:17-16:20; 16:21-28:20)으로 구분하여 그의 자료를 정리했으며, 이 세 부분을 구분하기 위해 표제어를 사용했다고 했다(1:1; 4:17; 16:21).

전략 중에 하나는 예수를 유대교의 벤 시라(ben Sira) 같은 지혜의 선생(teacher)으로 묘사한 것이라고 했다.29) 구제홍은 킹스베리나 믹스보다는 한걸음 나아가 구체적으로 마태가 왜 예수를 교사로 그렸는지를 유대교 회당과의 관계에서 추정한다. 즉, 마태복음이 기록될 당시에 서기관과 바리새인은 유대인의 종교교육에서 주도적 영향을 미치고 있었기 때문에 이러한 정황에서 마태는 23장에서 서기관과 바리새인에 대비되는 유일하고 참된 선생으로서 예수를 제시했다고 보았다.30) 그러나 구제홍의 추정에도 부분적으로 문제가 있다. 구제홍은 예수의 가르침을 유대교 회당과의 전면 대립으로만 해석하고 있기 때문이다. 마태복음에 나타난 예수의 가르침이 유대교 회당 외에 다른 복음서 공동체와의 영성의 경쟁과 차별화를 위해 사용되었다는 점을 간과하고 있다. 또한, 마태복음에는 예수의 가르침이 강조되지만, 단순히 "가르친다"(διδάσκειν)라는 동사만 보면 다른 복음서와 비교해서 현격히 많이 쓰이지는 않는다.31) 그런데도 Q 자료와 특수자료, 그리고 다른 복

---

29) Wayne A. Meeks, *The Moral World of the First Christians* (Philadelphia: The Westminster Press, 1986), 138-140. 믹스는 산상수훈 (5-7)은 예수의 가르침의 요약이며, 이것은 당시에 유대교와 견유학파 철학자들의 가르침과 유사하다고 한다. 담론의 용어들도 유대교적이며, 윤리도 전형적으로 유대교적이라고 한다. 나아가 예수가 십계명을 급진적으로 해석하는 것은 에세네파의 급진적 해석과 유사하다고 한다.

30) 구제홍, "마태의 가르치는 그리스도와 마태공동체의 리더십 행동," 「대학과 선교」 3 (2001): 228. 웨이멘트(Thomas A. Wayment) 역시 마태복음과 도마복음의 선생에 관해 비교하면서 마태는 마태 23장에서 오직 예수만이 영원한 지도 선생(master teacher) 임을 주장했다고 한다. Thomas A. Wayment, "Christian Teachers in Matthew and Thomas," *JECS* 12 (2004): 311.

31) 신약성서에는 동사형 '가르친다'(διδάσκειν)는 97회, 명사형 '가르침'(교훈)(διδαχή)은 30회 나타난다. 이 가운데 동사형 '가르친다'는 마태에는 13회(4:23; 5:2, 19, 19; 7:29; 11:1; 13:54; 15:9; 21:23; 22:16; 26:55; 28:15, 20) 나타나며, 그 13회 중에 15:9; 28:15절을 제외하고 나머지 11회는 예수께서 직간접적으로 가르쳤을 때 사용한다. 이에 비해, 마가는 총 17회(1:21, 22; 2:13; 4:1, 2; 6:2, 6, 30, 34; 7:7; 8:31; 9:31; 10:1; 11:17; 12:14, 35; 14:49) 나

음서와의 병행구를 비교하면 상황은 달라진다. 다시 말해, Q 자료와 마태의 특수자료 그리고 다른 복음서와 비교한 본문을 보면 예수의 가르침의 주제가 유대교 회당과는 부분 대립하고, 다른 복음서 공동체와는 영성의 경쟁과 차별화를 위해 사용되고 있다는 것을 알 수 있다.

첫째, 마태복음의 특수자료를 보면 예수의 가르침의 주제가 유대교 회당과 부분 대립하고 있다고 추정해 볼 수 있다. 마태는 산상수훈 (5-7장)에서 10개의 특수자료를 통해 예수를 새로운 가르침을 주는 교사로 묘사한다.32) 마태는 율법에 대한 가르침에서 "너희 의가 서기관과 바리새인보다 더 낫지 못하면 결코 천국에 들어가지 못하리라"(5:20)라고 하면서 유대교 회당의 구성원들과 대립한다. 구제에 관한 가르침에서도 "외식하는 자가 사람에게 영광을 받으려고 회당과 거리에서 하는 것 같이 너희 앞에 나팔을 불지 말라"(6:2)라고 했다. 마태복음에서 외식하는 자는 주로 서기관과 바리새인을 지칭하기 때문에(23:13, 15, 23, 25, 27) 이 본문은 유대교 회당과 부분 대립하는 본문

타나며, 그 가운데 마가 7:7절을 제외하고 16회를 예수께서 직간접적으로 가르친 경우에 사용한다. 누가는 17회 나타난다(4:15; 4:31; 5:3, 17; 6:6; 11:1, 1; 12:12; 13:10, 22, 26; 19:47; 20:1, 21, 21; 21:37; 23:5). 그 가운데 11:1, 12:12을 제외한 14회는 예수가 직간접적으로 가르친 경우에 사용한다. 요한은 전체 10회 나타난다(6:59; 7:14, 28, 35; 8:2, 20, 28; 9:34; 14:26; 18:20). 그 가운데 요 7:35; 8:28; 9:34; 14:26을 제외한 6회를 예수가 직간접적으로 가르친 경우에 사용한다. 또한, 명사형 '가르침'은 마태에는 3회 (7:28; 16:12; 22:33) 나타나며, 그 가운데 마 16:2절을 제외하고 2회를 예수께서 직간접적으로 가르친 경우에 사용한다. 마가에는 5회(1:22, 27; 4:2; 11:18; 12:38) 중에 5회 모두 예수께서 직간접적으로 가르친 경우에 사용한다. 누가에는 1회(4:32) 나타난다. 요한에는 3회(7:16, 17; 18:19) 나타난다. Kurt Aland, *Vollständige Konkordanz zum griechischen Neuen Testament* (Berlin · New York: Walter De Gruyter, 1975), 244-245; J. B. Smith, *Greek-English Concordance to the New Testament* (Pennsylvania: Herald Press, 1955), 87.
32) 성종현, 『신약총론』 (서울: 장로회신학대학출판부, 1991), 133. 산상수훈에 나오는 마태의 특수자료는 10개(5:17-20; 5:21-26; 5:33-37; 5:38-42; 6:1-4; 6:16-18; 6:19-34; 7:7-11; 7:13-14; 7:28-29)이다.

으로 볼 수 있다. 금식에 관한 가르침에서도 "그들은 금식하는 것을 사람에게 보이려고 얼굴을 흉하게 하느니라."(6:16)라고 했다. 여기서 "그들은"을 서기관과 바리새인에 대한 지칭으로 본다면 이 본문도 유대교 회당과 부분 대립하는 본문으로 볼 수 있다. 그리고 예수의 권위에 관한 가르침에서도 "그들의 서기관들과 같지 아니함 일러라"라고 했다. 여기의 서기관은 유대교 회당을 대표함으로 이 본문 역시 유대교 회당과 부분 대립한 본문으로 볼 수 있다. 나아가 마태복음에 나타난 예수의 가르침의 주제를 다른 복음서와 비교한 본문을 보면 예수의 가르침의 주제가 유대교 회당과 부분 대립하고 있다고 추정해 볼 수 있다. 마태는 예수가 고향에 돌아가 "그들의 회당"에서 가르치셨다고 보도한다(13:54). 마가는 "그들의"가 빠진 "회당"만 언급한다(6:2). 마태는 마가를 충실히 따라 말씀을 가르치시는 예수를 강조하면서 회당 앞에 "그들의"라는 말을 첨가함으로 회당과 일정 부분 거리를 둔다. 또한, 마태는 23장 8절과 10절에서 예수는 자신을 가리켜 유일한 선생이요, 지도자라고 한다. 키(H. C. Kee)는 마태 23장 7-10절에서 예수는 교회의 "유일한 선생"(one teacher)이며, "단 하나의 지도자"(sole master)라고 했다. 키는 여기에 "지도자"(καθηγητὴς)는 주로 학문적인 용어이며, 특별한 관심을 받은 단어로써 신약시대 그리스어에서는 "학파 선생"(school teacher)를 의미한다고 했다.33) 특히, 데이비스(W. D. Davies)는 A.D. 70년까지 '랍비'(rabbi)라는 용어는 '주인'(Sir) 혹은 '주님'(Lord)이라는 정중한 용어였으며, 얌니아에서 '랍비'(rabbi)는 가르치는 권위를 가진 임명받은 학자에 대한 칭호였다고 한다. 마태 23장 8절에 랍비(ῥαββὶ)를 교사(διδάσκαλος)로 이해한 것은 얌니아의 관행이었으며, 이런 인식이 마태 교회에 밀어닥쳤다고 보았다.34) 따라서 마태는 예수를 학파의 유일한 선생으로서 유대교 회당

---

33) H. C. Kee, *Jesus in History: An Approach to the Study of the Gospels* (New York: Harcourt Brace Jovanovich, Inc., 1977), 178.
34) W. D. Davies, *The Setting of the Sermon on the Mount* (Atlanta:

과 논쟁하는 예수를 묘사하고 있다고 추정할 수 있다. 이에 비해, 요한의 예수는 자신을 가리켜 선생이라고 말하지만 유일한 선생이라고 말하지는 않는다(13:13). 이처럼 마태복음의 특수자료와 다른 복음서를 비교해 보면 마태공동체는 예수의 가르침의 주제를 가지고 유대교 회당과 부분 대립한 것으로 추정할 수 있다.

둘째, 마태복음의 특수자료를 보면 예수의 가르침의 주제가 다른 복음서 공동체와 영성의 경쟁과 차별화를 위해 기능한 것으로 추정해 볼 수 있다. 마태의 요약문인 9장 35절에서 "예수께서 모든 도시와 마을에 두루 다니사 그들의 회당에서 가르치시며 천국 복음을 전파하시며 모든 병과 모든 약한 것을 고치시니라."라고 했다. 마태는 예수의 사역 중에 가르침의 사역을 맨 앞에 둔다. 마태 11장 1절의 요약문에서도 "예수께서 열두 제자에게 명하기를 마치시고 이에 그들의 여러 동네에서 가르치시며 전도하시려고 거기를 떠나가시니라."라고 했다. 여기서도 마태는 예수 사역에서 가르침을 맨 앞에 위치시킨다. 나아가 마태 13장 52절에서 "예수께서 이르시되 그러므로 천국의 제자 된 서기관마다 마치 새것과 옛것을 그 곳간에서 내오는 집주인과 같으니라."라고 했다. 더 나아가 마태 28장 20절에서 마태의 예수는 부활 후에 제자들에게 모든 족속을 제자로 삼아 "내가 분부한 모든 것을 가르쳐 지키게 하라."라고 했다. 여기서 마태가 본 예수의 가르침은 모세가 아니라 예수의 가르침이다. 이러한 가르침에 대한 분부는 누가가 본 예수의 마지막 분부에는 나타나지 않는다.35) 브룩스(O. S. Brooks)는 마태복음의 마지막 단락인 마태 28장 16-20절에는 두 개의 중요한 주제 즉, 예수의 권위와 가르침에 대해서 말하고 있는데, 마태는 이 두 주제를 마태복음 전체 일곱 부분에 걸쳐 시종일관 강조하면서 긴밀하게 연관시키고 있고, 마태복음은 권위를 가지고 가르치는 예수를 보여

Scholars Press, 1989), 298.
35) 서중석, "마태공동체의 형태," 153.

주고 있다는 것이다. 특히, 가르침은 다른 선교 명령 방식에는 어디에
도 없다고 했다.36) 이처럼 마태복음의 특수자료를 보면 마태공동체가
다른 복음서 공동체보다 가르침의 영성을 강조하고 있다는 것을 알
수 있다.

나아가 마태복음에 나타난 예수의 가르침의 주제를 Q 자료와 다른
복음서와 비교한 본문을 보면 예수의 가르침의 주제가 다른 복음서
공동체와 영성의 경쟁과 차별화를 위해 기능한 것으로 추정해 볼 수
있다. 마태의 요약문에 보면 "예수께서 온 갈릴리에 두루 다니사 그들
의 회당에서 가르치시며 천국 복음을 전파하며 백성 중의 모든 병과
약한 것을 고치시니"(4:23)라고 했다. 누가는 "예수의 말씀도 듣고 병
고침을 받으려고 유대 사방과 시돈의 해안으로부터 온 많은 백성도
있더라."(6:17)라고 했다. 마태는 요약문 앞쪽에 가르친다는 단어를 삽
입 확대하여, 예수의 가르치는 모습을 부각하면서 다른 복음서보다 가
르치는 예수를 강조한다.37) 이 본문에 관해 루츠(Ulrich Luz)는 "그들
의 회당"에서 예수의 가르침이 의미하는 것은 이스라엘로 방향을 전환
하는 것이며, 회당 안에서 이스라엘의 선생으로서 가르치는 것이라고
했다.38) 또한, 마태 5장 2절에서 예수는 "입을 열어 가르쳐 이르시되"
하며 팔복을 가르친다. 누가는 "가르쳐"라는 단어가 없다(6:20). 나아가
마태의 예수는 노, 간음, 맹세, 악한 자 대적, 원수사랑 등에서 구약의
가르침을 능가하는 새로운 가르침을 준다(5:21, 27, 33, 38, 43). 이에
비해, 마가는 간음에 대해(10:11-12), 누가는 간음(16:18), 악한 자 대적
(6:29-30), 원수 사랑(6:27-28, 32-36)에 대해서만 다룬다. 마가는 마태
가 다룬 다섯 개의 주제 중에 한 개만을 다루고, 누가는 세 개를 다룬

---

36) O. S. Brooks, "Matthew xxviii 16-20 and The Design of the First
Gospel," *JSNT* 10 (1981): 5-15.
37) 구제홍, "마태의 가르치는 그리스도와 마태공동체의 리더십 행동," 228,
239.
38) Ulrich Luz, *Das Evangelium nach Matthäus*, 179.

다. 마태는 다섯 개 주제를 다루면서 다른 복음서에서보다 예수의 가르침을 부각한다. 더 나아가 마태 5장 28절에서 예수는 "음욕을 품고 여자를 보는 자마다 마음에 이미 간음하였느니라"라고 했다. 다른 복음서에는 이런 내용이 없다. 이처럼 마태의 예수가 가르친 내용은 다른 복음서와 비교할 때 차별성을 가진다. 아마도 마태공동체는 영성적 관점에서 다른 복음서 공동체가 가지지 못한 예수의 깊은 영성적 가르침을 독점하고 싶었던 것 같다. 아울러 마태의 예수는 제자들에게 기도를 가르쳐 줄 때 다섯 절을 할애하여 가르친다(6:9-13). 그러나 누가는 세 절로 축소하면서(11:2-4) Q를 충실히 따르고 있다.[39] 그러나 마태는 Q에 없는 "뜻이 하늘에서 이루어진 것 같이 땅에서도 이루어지이다"(6:10)와 "다만 악에서 구하시옵소서(나라와 권세와 영광이 아버지께 영원히 있사옵나이다 아멘)"(6:13)를 첨가했다. 이처럼 마태의 예수는 기도에 대해 교육적 목적으로 길게 첨가한다. 또한, 마태 6장 19-20절에서 "보물을 땅에 쌓아두지 말라. 오직 너희를 위하여 보물을 하늘에 쌓아 두라(6:19-20)"고 가르치면서 "하나님과 재물을 겸하여 섬기지 못하느니라."(6:24)라고 했다. 그러나 누가는 "보물을 땅에 쌓아두지 말라"(11:34)는 내용이 없다. 이것을 보면 마태는 누가보다는 Q 12장 33-34절을 원형대로 잘 보존하고 있다.[40] 이처럼 마태의 예수는 보물에 대한 가르침에서 Q를 충실히 따르면서 가르침을 강조하고 있다.

더 나아가 마태복음과 다른 복음서의 예수의 첫 사역을 비교해 보면 마태의 예수가 가르침을 강조하고 있다는 것이 드러난다. 마태의 예수는 공생애 첫 사역을 예수의 가르침을 모은 산상수훈(5-7장)으로 시작한다. 하레(Douglas R. A. Hare)는 마태는 산상수훈에서 예수를 이스라엘 최고의, 하나님의 권위를 가진 선생으로 묘사한다고 했다.[41]

---

39) James M. Robinson et al., *The Critical Edition of Q*, 206-211.
40) Ibid., 328-333.
41) Douglas R. A. Hare, *Matthew* (Louisville: John Knox Press, 1993), 33.

이에 비해, 마가의 예수의 첫 사역은 가버나움 회당에서 귀신을 축출한다(1:21-28). 누가의 예수의 첫 사역은 예수가 회당에 들어가 성경을 읽으며 성령을 강조한다(4:16-19). 요한의 예수의 첫 사역은 가나의 혼인 잔치에 심방을 간 기사를 소개한다(2:1-12). 이처럼 마태의 예수와 다른 복음서를 비교해 보면 마태의 예수가 가르침을 강조하고 있다는 것을 알 수 있다. 한편, 마태 8장 26절의 폭풍 진압 기사에서 예수는 먼저 믿음을 교훈하고, 그다음에 폭풍을 진압한다. 그러나 마가는 먼저 폭풍을 진압하고, 그다음에 믿음을 교훈한다(4:39-40). 마가가 폭풍 진압을 먼저 소개하는 것은 예수의 기적 행위를 부각하기 위한 목적이 있었기 때문이다. 이에 비해, 마태는 예수 이미지를 기적 수행가로부터 제자들을 교육하는 교사로 이전시킨다.[42] 누가는 마가를 그대로 따른다. 이것을 보면 마태가 예수의 이미지를 가르치는 교사로 변경했음을 알 수 있다. 나아가 마태 21장 23절에서 마태는 "예수께서 성전에 들어가 가르치실새" 무슨 권세로 가르치는지 질문을 받는다. 마가는 성전에서 "거니실 때" 질문을 받는다(11:27-28). 그러나 마가는 구체적으로 예수의 가르침 때문에 질문을 받는다는 인상을 주지 않는다. 누가는 성전에서 백성을 "가르치시며 복음을 전하실새"(20:1-2)라고 함으로써 가르치고 복음을 전하는 두 개를 동시에 강조한다. 이것을 보면 마태만 독점적으로 가르침을 강조하고 있다고 볼 수 있다. 더 나아가 마태 22장 33절에서 예수와 사두개인들의 부활 논쟁 후에 "무리가 듣고 그[예수]의 가르침에 놀라더라"라고 했다. 이에 비해, 마가 12장 27절과 누가 20장 40절에는 무리가 예수의 가르침에 놀랐다는 내용이 없다. 여기서 마태는 예수의 가르침의 탁월성을 강조한다. 또한, 마태 26장 1절에는 예수가 "말씀을 다 마쳤다"라고 했다. 이에 비해, 마가 14장 1절과 누가 22장 1절, 그리고 요한 11장 45-53절에는 이런 문구가 없다. 아울러 마태 26장 55절에서 예수는 자기를 잡으러 온 사람들

---

42) 서중석, "마태공동체의 형태," 152.

에게 "내가 날마다 성전에 앉아 가르쳤으되"라고 했다. 마가는 "성전에 있으면서 가르쳤으되"(14:49)라고 했다. 누가는 "성전에 있을 때"(22:53)라고 했다. 요한은 성전이나 가르쳤다는 단어가 없다(18:1-11). 마태는 마가를 충실히 따르면서 가르침을 강조한다. 이처럼 마태는 다른 복음서와 비교할 때 예수의 가르침의 영성을 강조하고 있다고 추정해 볼 수 있다.

요컨대, 마태복음의 특수자료 가운데 세 곳(5:20; 6:2, 16)과 다른 복음서와 비교한 세 곳(13:54; 23:8, 10)을 보면 마태공동체 내의 유대교적 기독교인 그룹은 예수의 가르침의 영성을 가지고 유대교 회당의 서기관과 바리새인과 부분 대립을 한 것으로 보인다. 또한, 또 다른 특수자료 네 곳(9:35; 11:1; 13:52; 28:20)과 다른 복음서와 비교한 열여섯 곳(4:23; 5:2, 21, 27, 33, 38, 43; 5:28; 6:9-13; 6:19-20; 5-7장; 8:26; 21:23; 22:33; 26:1; 26:55)을 보면 마태공동체 내의 '이방 기독교인 영성 그룹'은 예수의 가르침의 영성을 가지고 다른 복음서 공동체와 영성의 경쟁과 차별화를 위해 사용했다고 추정해 볼 수 있다. 통계적으로만 보면 마태공동체가 본 예수의 가르침의 영성은 유대교 회당보다는 다른 복음서 공동체와 영성의 경쟁과 차별화에 더 큰 관심이 있는 것같이 보인다. 이처럼 마태는 예수의 가르침의 영성을 가지고 한편으로는 유대교 회당과 부분 대립에 사용하고, 다른 한편으로는 다른 복음서 공동체와 영성의 경쟁과 차별화를 위해 사용했다고 볼 수 있다. 따라서 마태는 예수의 가르침의 영성을 가지고 마태공동체 내의 두 그룹의 대립을 공존시키는 데 사용했다고 추정해 볼 수 있다. 다음 장에서는 마태공동체 내의 두 그룹의 대립을 공존시키는 역할을 한 예수의 행함의 영성을 다루도록 하겠다.

IV. 예수의 행함의 영성

마태의 예수는 서기관과 바리새인은 가르침만 강조하고 행하지 않는다고 비판한다(23:3). 또한, 마태공동체는 서기관과 바리새인보다 '더 나은 의'(3:15; 5:6, 10, 20; 6:1, 33; 21:32)를 행해야 하며, 행함이 없이 떠벌리는 거짓 선지자를 경계해야 하고(7:15; 24:11), 마지막 때 행함이 심판에서 중요하게 고려된다(3:10; 5:29; 7:16-27; 18:21-35; 19:30; 23:33, 35-36; 24:42). 이처럼 마태는 예수를 따르는 자신의 공동체가 말씀을 배울(11:29) 뿐만 아니라 그 말씀을 행하라고 요구한다(7:21; 23:3). 나아가 다른 사람들도 제자로 삼아 그 말씀을 가르치고 지키게 하라고 요구한다(28:20).[43] 이러한 본문들을 보면 마태의 예수는 가르침을 강조할 뿐만 아니라 동시에 행함도 강조한다는 것을 알 수 있다. 그런 차원에서 슈바이처의 평가는 비교적 공정하다. 슈바이처에 의하면, 마태복음이 예수 생애의 역사적 사건들보다 가르침에 더 관심을 뒀다고 추정하더라도 그 대답은 단순하지 않다고 말한다. 즉, 마태의 목적은 실제로 예수가 말씀을 가르칠 뿐만 아니라 마태공동체를 위해 그의 권위 있는 행함도 기록하고 있기 때문이라고 했다.[44] 그러나 슈바이처에게도 문제가 있다. 슈바이처는 마태가 어떤 목적으로 이 두 주제를 사용했는지를 밝히고 있지 않기 때문이다. 즉, 마태는 행함의 주제를 가지고 유대교 회당과는 부분 대립을, 다른 복음서 공동체와는 영성의 경쟁과 차별화를 위해 사용하고 있다는 것을 간과하고 있다. 다시 말해, 마태복음의 특수자료와 다른 복음서와 비교한 본문을 보면 예수의 행함의 주제는 유대교 회당과는 부분 대립하고, 다른 복음서

---

43) 장홍길, "마태복음의 개론적 문제," 「장신논단」 19 (2003): 76-77, 85.
44) Schweizer, *The Good News according to Matthew*, 11.

공동체와는 영성의 경쟁과 차별화를 위해 사용하고 있다고 추정할 수 있다.

첫째, 마태복음의 특수자료를 보면 예수의 행함의 주제는 유대교 회당과 부분 대립하고 있다고 추정해 볼 수 있다. 마태 5장 20절에서 "너희 의가 서기관과 바리새인보다 낫지 못하면 천국에 들어가지 못하리라"라고 했다. 여기에 앞의 문맥을 고려해 볼 때(5:16, 19) 서기관과 바리새인의 "의"의 내용은 "행함"이라고 말할 수 있다. 또한, 마태 7장 21절에서 "나더러 주여 주여 하는 자마다 다 천국에 들어갈 것이 아니요 다만 하늘에 계신 내 아버지의 뜻대로 행하는 자라야 들어가리라"라고 했다. 서중석은 마태공동체 내에 참 카리스마 그룹과 거짓 카리스마 그룹이 함께 있다고 했다. "'무법을 행하는 자들' 곧 '거짓 예언자들' 또는 거짓 카리스마 선교사들이 이미 마태공동체 내에 들어와 있었다는 것은 마태가 사용한 어법 곧 "너희에게로 나아온(ἔρχονται πρὸς ὑμᾶς) 거짓 선지자들을 삼가"(7:15)는 권고를 통해 확인된다. 이들이 지금은 마태공동체 멤버들과 함께 섞여 있다는 것을 보여준다"라고 했다.45) 서중석은 여기에 "나아오니(ἔρχονται)"가 마태공동체 내로 들어온 거짓 카리스마 멤버라고 해석할 수 있는 근거라고 제시한다. 그러나 실제로 내부로 "들어온다"는 의미의 단어는 요한 18장 16절에 "문 지키는 여자에게 말하여 베드로를 데리고 들어오니(εἰσήγαγεν)"라고 할 때 "들어오니(εἰσήγαγεν)"가 밖에서 안으로 들어오는 의미로 사용된다.46) 따라서 마태의 "나아오니(ἔρχονται)"는 마태공동체 안으로

---

45) 서중석, "마태공동체의 내부대립과 공존," 917. 서중석은 2013년 논문에서도 이 기조를 그대로 유지한다. 다만 거짓 카리스마 그룹을 "극단적 카리스마 그룹"이라고 새롭게 부른다. 서중석, "예수의 카리스마적 지도력과 마태공동체," 49-50. 나아가 2014년 논문에서는 한 그룹이 더 추가되어 세 그룹이 공존한다. "마태공동체 내에는 실천적 카리스마 그룹, 이념적 카리스마 그룹, 극단적 카리스마 그룹 등 세 카리스마 그룹이 있었다" 그러나 역시 여기의 세 그룹도 외부 그룹이 아니라 마태공동체 내부의 그룹으로 설정한다. 서중석, "예수의 선교 명령과 마태공동체," 94.

들어오는 의미보다는 외부에서 마태공동체를 위협하는 유대교 회당의
서기관과 바리새인이라고 보는 것이 단어의 뜻에 더 맞는다. 또한, 마
태는 거짓 카리스마 구성원들이 행함이 없다고 말한다(7:21, 24, 26).
마태복음에서 행함이 없는 사람은 주로 서기관과 바리새인을 지칭하
기(23:2) 때문에 여기의 거짓 카리스마 구성원들은 유대교 회당의 구
성원들이라고 보는 것이 문맥에 더 어울린다. 따라서 이것을 보면 마
태공동체는 유대교 회당과 행함의 문제로 부분 대립하고 있다고 추정
할 수 있다. 나아가 마태복음에 나타난 예수의 행함의 주제를 다른 복
음서와 비교한 본문을 보면 예수의 행함의 주제가 유대교 회당과 부
분 대립하고 있다고 추정해 볼 수 있다. 마태 21장 43절에서 포도원
농부 비유에서 대제사장들과 바리새인들은 하나님의 나라를 빼앗기고
"열매 맺는 백성이 받으리라"라고 했다. 마가 12장 1-12절과 누가 20
장 9-18절에는 "열매 맺는 백성"에 관한 언급이 없다. 마태복음에서
열매는 주로 행함을 상징하기 때문에(7:16, 20-21) 대제사장과 바리새
인은 열매 맺지 못하는 행함이 없는 사람으로 평가된다. 나아가 마태
23장 3절에서 "무엇이든지 그들(서기관과 바리새인들)이 말하는 바는
행하고 지키되 그들의 행위는 본받지 말라 그들은 말만 하고 행하지
아니하며"라고 했다. 이것을 보면 유대교 지도자들의 행동은 따르지도
모방해서도 안 된다. 이처럼 지금 마태공동체는 행함의 주제로 유대교
지도자들과 큰 위험을 각오하면서 우열을 다투고 있다.47) 마가에는 서
기관과 바리새인들이 행하지 않는다는 본문이 없다(12:38-40). 누가에
도 서기관과 바리새인들이 행하지 않는다는 본문이 없다(11:43, 46).
이처럼 마태의 특수자료와 다른 복음서를 비교해 보면 마태공동체가

---

46) ἔρχονται는 '향하여 오는'(to come 혹은 go)의 의미가 있고, εἰσήγαγεν는
  '안으로 데리고 들어오는'(to bring in)의 의미가 있다. Henry George
  Liddell and Robert Scott, *Liddell and Scott's Greek-English Lexicon
  Abridged* (Oxford: Simon Wallenberg Press, 2007), 202, 273.
47) J. Andrew Overman, *Matthew's Gospel of Formative Judaism: The
  Social World of the Matthean Community*, 144.

유대교 회당과 행함의 주제로 부분 대립하고 있는 듯이 보인다.

둘째, 마태복음의 특수자료를 보면 예수의 행함의 주제가 다른 복음서 공동체와 영성의 경쟁과 차별화를 위해 기능한 것으로 추정해 볼 수 있다. 마태의 특수자료 5장 19절은 "이를(계명) 행하며 가르치는 자는 천국에서 크다 일컬음을 받으리라"라고 했다. 마태는 순서에서도 먼저 계명을 행하며 가르칠 것을 강조한다. 나아가 마태의 특수자료 25장 31-46절에서 예수는 마지막 날 심판의 기준이 행함이라고 말한다. 심판 때에 오른편에 앉은 자들은 주린 자, 목마른 자, 나그네 된 자, 헐벗은 자, 병든 자, 옥에 갇힌 자들을 돌보아 주었다고 한다. 반면에 왼편에 앉은 자들은 이런 행함을 하지 않은 자들이다. 그들은 영원한 불에 들어가게 된다. 이것을 보면 마태공동체는 행함을 심판의 기준으로 삼은 듯하다. 더 나아가 마태의 특수자료 28장 20절에서 "내가 너희에게 분부한 모든 것을 가르쳐 지키게 하라"라고 했다. 이 본문은 단순한 복음 전도나 선교가 아니라 "가르쳐 지키게 하라"라는 사역에 집중한다.[48] 해그너(Donald A. Hagner)는 여기에 "가르쳐"라는 분사의 목적어는 "내가 너희에게 분부한 모든 것을 지키게 하는 것"이라는 조항에 있다고 한다. 이것은 분명히 마태가 마태복음 처음에 나타난 행함에 가깝다(5:17-20; 7:21-27)는 것을 관심한 것이라고 했다.[49] 헤그너는 마태의 의도를 정확하게 갈파하고 있다. 즉, 마태의 예수는 가르치는 것뿐만 아니라 가르친 것을 행해야 함을 강조하고 있기 때문이다. 이처럼 마태복음의 특수자료와 다른 복음서를 비교해 보면 마태공동체는 예수의 행함을 다른 복음서 공동체와 영성의 경쟁과 차별화를 위해 사용한 것으로 보인다. 나아가 마태복음에 나타난 예수의 행함의 주제를 다른 복음서와 비교한 본문을 보면 예수의 행함의 주제

---

48) 채영삼, "예수의 권세와 열방, 가르침과 임재: 마태복음 28:16-20의 배경 전승과 종말의 다윗 목자-교사," 「신약연구」 13 (2014): 71.
49) Donald A. Hagner, *Matthew 14-28*, Word Biblical Commentary (Dallas: Word Books Publisher, 1995), 888.

가 다른 복음서 공동체와 영성의 경쟁과 차별화를 위해 기능한 것으로 추정해 볼 수 있다. 마태는 5장 13-16절에서 소금과 빛의 내용이 착한 행실이라고 밝힌다(5:16). 이에 비해, 마가는 소금과 화목을 연결한다(9:50). 누가는 소금에 관한 의미를 설명하지 않는다(14:34-35). 이것을 보면 마태가 다른 복음서에서보다 행함을 강조하고 있다고 보인다. 나아가 마태 10장 42절에서 예수는 "누구든지 제자의 이름으로 이 작은 자 중 하나에게 냉수 한 그릇이라도 주는 자는 내가 진실로 너희에게 이르노니 그 사람이 결단코 상을 잃지 아니하리라"라고 했다. 마가는 "그리스도에게 속한 자라 하여 물 한 그릇이라도 주면 내가 진실로 너희에게 이르노니 결코 상을 잃지 않으리라"(9:41)라고 했다. 마태는 마가의 행함을 강조하는 본문을 삭제하지 않고 충실하게 계승한다. 더 나아가 마태 16장 27절에서 예수는 "인자가 아버지의 영광으로 그 천사들과 함께 올 때 각 사람이 행한 대로 갚으리라"라고 했다. 마가 8장 31-9장 1절과 누가 9장 22-27절에는 각 사람이 행한 대로 갚겠다는 내용이 없다. 또한, 마태 26장 6-13절에서 한 여자가 매우 귀한 향유 한 옥합을 예수의 머리에 부은 행위를 예수가 칭찬한다. 마가도 여자의 행한 일을 칭찬한다(14:9). 누가와 요한(12:1-8)은 여자를 칭찬한 부분이 없다. 마태는 마가를 충실히 따르면서 여자의 선한 행위를 강조한다. 이처럼 마태의 특수자료와 다른 복음서를 비교해 보면 마태공동체가 다른 복음서 공동체보다 행함을 더 강조하고 있다고 추정해 볼 수 있다.

요컨대, 마태복음의 특수자료 가운데 두 곳(5:20; 7:21)과 다른 복음서와 비교한 두 곳(21:43; 23:3)을 보면 마태공동체 내의 '유대교적 기독교인 그룹'은 예수의 행함의 영성을 가지고 유대교 회당의 서기관과 바리새인과 부분 대립을 하는 것 같이 보인다. 또 다른 특수자료 세 곳(5:19; 25:31-46; 28:20)과 다른 복음서와 비교한 네 곳(5:13-16; 10:42; 16:27; 26:6-13)을 보면 마태공동체 내의 '이방 기독교인 영성 그룹'은 예수의 행함의 영성을 가지고 다른 복음서 공동체와 영성의 경쟁과 차별화를 위해 사용하고 있다고 추정해 볼 수 있다. 통계적으로만 보면 마태공동체가 본 예수의 행함의 영성은 유대교 회당보다는 다른 복음서 공동체와의 영성의 경쟁과 차별화에 더 큰 관심이 있었던 것처럼 보인다. 이처럼 마태는 예수의 행함의 영성을 가지고 마태공동체 내의 두 그룹의 대립을 공존시키는 데 사용했다고 추정해 볼 수 있다.

V. 결어

　　이상의 연구를 통해 다음과 같은 결론을 얻을 수 있다. 즉, 마태공동체 내에는 두 그룹이 존재한다고 추정해 볼 수 있다. 첫째 그룹은 학문에 관심을 둔 기독교 서기관들이 주축이 된 '유대교적 기독교인 그룹'이며, 둘째 그룹은 예수의 영성에 관심을 둔 '이방 기독교인 영성 그룹'이다. 마태공동체 내에 이 두 그룹은 예수의 가르침과 행함의 주제로 서로 대립하고 있었는데 마태는 이 두 그룹의 대립을 공존시키기 위해 예수의 가르침과 행함의 주제를 적절하게 배분하여 사용한다. 다시 말해, 이 두 주제를 가지고 '유대교적 기독교인 그룹'은 유대교 회당의 서기관과 바리새인과 부분 대립하고, 다른 복음서 공동체와는 영성적으로 선의의 경쟁을 하고 차별화하는 데 사용한다. 그러면서도 통계적으로만 보면 예수의 가르침과 행함이 유대교 회당과 부분 대립을 한 본문보다 다른 복음서 공동체와 영성의 경쟁과 차별화를 위해 더 많이 사용한 것을 보면 마태공동체는 유대교 회당보다는 다른 복음서 공동체와의 영성의 경쟁과 차별화에 더 관심을 둔 듯하다. 즉, 마태는 유대교 회당과의 대립보다는 복음 전도가 더 급박했기 때문에 도시공동체로서 도시의 지식인들을 선교하기 위해 예수의 가르침과 행함의 영성을 더 강조했다고 볼 수 있다. 따라서 마태복음에 나타난 예수의 가르침과 행함은 마태공동체의 선교의 도구였으며, 마태공동체가 선호한 예수의 이상적인 신앙 유형이고, 예수의 영성이라고 말할 수 있다. 이러한 예수의 영성은 마태공동체 구성원들의 영성 형성을 위해 중요한 역할을 했을 것이다. 본 논문은 마태복음에 나타난 예수의 가르침과 행함을 유대교 회당과의 대립 관계로만 보려던 통상적인 관점에서 벗어나 외연을 확장하여 다른 복음서 공동체와의 영성의 경쟁과 차별화로 본 최초의 논문으로 생각된다. 다만 본 논문은 예수의 영성을 마태복음에서만 연구했기 때문에 예수의 온전한 영성을 규명하기 위해서는 다른 복음서에 나타난 예수의 영성을 함께 연구해야 한다. 이 연구는 다음 과제로 남겨 두겠다. 아울러 본 논문이 밝힌 예수의 가르침과 행함의 영성을 통하여 오늘날 기독교 내에서 통용되는 영성 혹은 영성가들이 주장하는 영성의 내용과 비교해 보고, 그 진위(眞僞)를 식별해 보는 기회가 되기를 기대한다.

■ Abstract ■

Spirituality of Jesus' teaching and practice
in the Gospel of Matthew

This thesis reveals that the spirituality of Jesus in the Gospel of Matthew is his 'teaching' and 'practice'. The researcher traced the spirituality of Jesus by examining the form and character of Matthew's community in terms of sociological context and spirituality. In this respect, the researcher observed that there were two groups in Matthew's community. That is, one group is the 'Jewish-Christian group' and the other group is the 'Gentile-Christian spirituality group'. These two groups opposed each other in terms of the spirituality of Jesus' teaching and practice. However, Matthew regards these two subjects as two different functions to make the conflicting aspect of these two groups coexist. In other words, it is presumed that the Jewish-Christian group within the Matthew community used the spirituality of the teaching and practice of Jesus in academic conflict with the synagogue and the Gentile - Christian spirituality group used it to compete with and differentiate from other evangelical communities. Furthermore, this thesis changes the view of Jesus' teaching and practice in Matthew's Gospel into a partial confrontation, breaking away from the conventional view that only regarded it as a total confrontation with the synagogue. In addition, Matthew expanded the missionary scope and emphasized the theme of teaching and practice which was used for competition and differentiation of spirituality with other evangelical communities from a missionary point of view. In particular, it was seen that the Matthew community emphasized the spirituality of the teaching and practice of Jesus in order to evangelize the intellectuals of the city as urban community. Therefore, this thesis asserts that the subject of teaching and practice in the Gospel of Matthew is the ideal type of faith of Jesus preferred by the Matthew community, which is also Jesus' spirituality. The research method of this thesis mainly used literature research method. Mainly using Q data, Matthew's special data, and the four Gospels of the New Testament as main sources, the differences among the Gospels were studied in parallel with a focus on parallel passages. In conclusion, the researcher asserts that the spirituality of Jesus in the Gospel of Matthew is his teaching and practice. Through this thesis, it is expected that through the spirituality of Jesus, who is the origin of Christian spirituality, it will be an opportunity to compare with the spirituality currently used in Christianity or the content of spirituality claimed by spiritualists, and to discern its authenticity.

Key Words
the Matthean community, Synagogue, Spirituality, Teaching, Practice.

마가복음

제 2 장 마가복음서에 나타난 예수의 이적 영성

■ 초 록 ■

　본 논문은 마가복음서에 나타난 예수의 영성이 이적이라는 점을 밝히고 있다. 필자는 논문에서 마가공동체의 사회적·역사적 정황과 영성적 측면을 고려하여 예수의 영성을 추적하였다. 본 논문은 동방정교회나 로마 가톨릭 교회가 영성의 삶을 규정할 때 사용한 그리스 철학 전통에 기반을 둔 '관상'과 '활동'이라는 해석학적 도구(tool)에 대비되는 성서에 기반을 둔 마가복음서에 나타난 예수의 이적 영성을 새로운 해석학적 도구로 제시하였다. 필자는 마가공동체에는 두 그룹이 존재했다고 추정한다. 즉, 한 그룹은 묵시적 소종파 그룹이며, 다른 그룹은 예수의 이적을 선호하는 영성 그룹이다. 지금까지 통상적으로 학자들은 마가공동체는 주로 묵시적 소종파 그룹으로 구성되었다는 입장을 견지해 왔다. 그러나 본 논문은 마가공동체에는 예수의 이적을 선호한 영성 그룹도 함께 공존하고 있다고 주장하였다. 이 두 그룹은 마가공동체가 처한 유대-로마 전쟁의 핍박 상황을 극복하기 위해 자신들이 선호하는 신학 혹은 영성 사상을 가지고 핍박을 극복하려고 했다고 추정한다. 특히, 마가공동체의 영성 그룹은 예수가 행한 축귀, 병 고침 그리고 자연 이적을 통하여 자신들의 핍박 상황에서 예수의 이적이 재현되어 구원받기를 희망했다고 본다. 따라서 마가공동체의 영성 그룹이 계승한 축귀, 병 고침 그리고 자연 이적은 예수의 이적 영성의 핵심 내용이라고 할 수 있다. 본 논문의 연구 방법은 사회학적 성서해석과 마가복음서와 다른 복음서를 비교하는 방법을 사용하였다. 한편, 본 논문이 의미 있는 것은 이적이 예수의 영성이라는 점을 밝히고 있으므로 지금까지 ‘관상’과 ‘활동’이라는 해석학적 도구로는 규정할 수 없었던 영성사에 나타난 이적가를 영성가로 재평가할 수 있는 성서적 근거를 마련했다는 점이다. 나아가 지금까지 그리스 전통의 관상과 활동이라는 해석학적 도구와 대비되는 성서적이고, 영성 신학적이며, 그리고 개신교적인 새로운 해석학적 도구를 부분적으로 제시했다는 점이다.

주제어
마가공동체, 이적 영성, 축귀, 병 고침, 자연 이적

I. 서언

기독교 영성사에서 '관상'(Θεωρία)과 '활동'(πρᾶξις)이라는 용어는 영성운동이나 영성가의 삶을 규정하는 해석학적 도구(tool)로 사용한다. 버나드 맥긴(Bernard McGinn)은 '관상' 전통은 그리스 철학 전통에서 유래했다고 한다.50) 그리스 철학자 가운데 '관상'이라는 용어를 최초로 사용한 사람은 피타고라스(Pythagoras, 기원전 570-495)로 알려졌다.51) 플라톤(Plato, 기원전 424-348)은 스승인 소크라테스 사후에 피타고라스 학파로부터 영혼 불멸 사상 등 많은 것을 배운다.52) 특히,

---

* 이 논문은 2021년 대한민국 교육부와 한국연구재단의 지원을 받아 수행된 연구임(NRF-2021S1A5B5A17047136). 이 논문은 유은호, "마가복음서에 나타난 예수의 이적 영성," 「신학논단」 113 (2023): 193-230에 발표된 논문임을 밝혀둔다.

50) Bernard McGinn, *The Foundations Mysticism: Origins to the Fifth Century* (New York: The Crossroad Publishing Company, 1991), 23-61. 고대 그리스 철학에 나타난 관상 전통에 관해서는 다음을 보라. 참조, 임성철, "고대 희랍 철학에 나타난 '관상적 생활': 이상(理想)의 기원과 의미에 관한 연구," 「철학탐구」 21 (2007): 121-154. 토인비(Toynbee)도 '관상' 전통이 헬라스 철학의 근본적인 가르침 가운데 하나라고 했다. "헬라스 사회철학의 근본적인 가르침 가운데 하나는, 가장 좋은 생활 상태는 관조 또는 '바라보는 상태'라는 것이었다. 피타고라스는 관조하는 삶을 행동하는 삶보다 위에 두고 있으나, 이런 원칙이 헬라스 사회 철학의 전통이 되어, 헬라스 사회가 마침내 해체되려 하던 끝 무렵에 살던 신플라톤파 철학자들에게까지 이어지고 있다." A. J. 토인비, 『역사의 연구 I』 홍사중 옮김 (서울: 동서문화사, 2016), 266.

51) 고대 그리스의 철학자 디오게네스 라에르티오스(Diogenes Laertios, 200-250)는 자신의 책에서 '피타고라스의 단편'을 소개한다. "인생은 축제와도 같다. 어떤 사람은 시합하기 위해서 축제에 참석하나, 어떤 사람들은 장사하러 참석한다. 그러나 가장 훌륭한 사람들은 구경하는 사람들(theatai)로서 참석한다." (『유명한 철학자들의 생애와 사상』 VII. 8). 김인곤 외, 『소크라테스 이전 철학자들의 단편 선집』 (서울: 아카넷, 2005), 191-192.

플라톤이 그의 작품에서 '관상'이라는 용어를 사용하는 것을 보면 이 역시 피타고라스의 '관상'에서 영향을 받았을 가능성이 있다. 이러한 '관상' 전통은 플라톤을 넘어 중기 플라톤주의자 필로(Philo, 기원전 15-기원후 45)와 신플라톤주의자 플로티노스(Plotinus, 204-270)까지 이어진다. 다만, 플라톤의 관상이 형이상학적 개념인 '이데아'(ἰδέα)를 사색하는데 머물렀다면, 플로티노스의 관상은 인격신 '일자'(ἕv)와 합일하는 종교 철학적 개념으로 발전한다.53) 한편, 기독교에서는 4세기 이집트 사막의 수도사 에바그리우스(Evagrius of Pontus, 345-399)가 철학 용어인 '관상'을 종교 언어인 '기도'와 결합하여 최초로 기독교 '관상 기도' 책을 집필한다.54) 에바그리우스 이후 기독교 수도 전통에서

---

52) 아우구스티누스, 『아카데미아학파 반박』 성염 역주 (왜관: 분도출판사, 2016), 317.

53) 플라톤은 『국가』에서 '관상'에 관하여 여러 번 언급한다. "고매함을, 그리고 모든 시간과 일체의 존재(본질, ousia)에 대한 관상(觀想, theoria)을 갖는 그런 마음을 지닌 사람에게 있어서 인간적인(세속적인) 삶이 무슨 대단한 것인 듯이 여겨질 수 있을 것으로 자네는 생각하는가?(6권 486a)", "그러면 다음은 어떤가? 자네는 이런 걸 놀라운 일로 생각하겠는가? 가령 누군가가 신적인 관상들(觀想, theoria)에서 인간적인 나쁜 일들로 옮겨 가서, 어색한 꼴을 하고 있다면(7권 517d)", "실재(實在, to on)에 대한 관상(觀想, thea)이 어떤 즐거움을 지니고 있는지에 대해서는 지혜를 사랑하는 사람 이외에는 다른 누구도 없습니다(9권 582c)." 플라톤, 『국가』 박종현 역주 (경기도: 서광사, 2012), 389, 454, 586. 필로는 알렉산드리아에 있었던 유대교 관상 공동체의 생활을 기록했다. 참조, Philo, *"De Vita Contemplativa,"* in *The Loeb Classical Library Philo IX,* ed. E. H. Warmington (London: Harvard University Press, 1967), 112-169. 플로티노스는 인격신 '일자'를 향한 정신의 상승이라는 구조로 관상을 종교 철학화시켰다. 참조, Plotini. *Plotini Enneades: Praemisso Porphyrii De Vita Plotini Deque Ordine Librorum Eius Libello* vol I, II, ed. Ricardus Volkmann (Lipsiae: In Aedibus B.G. Teubneri, 1883-1884).

54) 유은호, 『에바그리우스의 기도론 연구: 오리게네스의 기도론과의 비교』 (서울: 예수영성, 2019), 289-299, 특히 299; "에바그리우스의 기도에 관한 연구: Περὶ Προσευχῆς 를 중심으로," 「신학논단」 83 (2016): 257-287. 영성 신학자 필립 쉘드레이크(Philip Sheldrake)는 "에바그리우스는 사색적인 신플라톤주의를 사막수도원 실행과 결합해서, 특히 동방 기독교의 영성에

는 '관상 기도'라는 용어가 사용되었다. 4세기 이집트 사막을 중심으로 일어났던 이 '관상 기도' 운동은 요한 카시아누스(Johannes Cassianus, 360-435)에 의해 서방 수도원에 전해진다.55) 또 한편, '관상'과 대조되는 '활동' 전통은 고대 그리스의 철학자 아리스토텔레스(Aristotle, 기원전 384-322)로부터 시작했다고 볼 수 있다.56) 이 '활동' 전통은 중세에는 로마 가톨릭교회의 로욜라의 이냐시오(Ignatius of Loyola, 1491-1556)와 현대에는 마더 데레사(Mother Teresa, 1910-1997)로 이어진다.57) 그러나 그리스 철학 전통에서 유래한 '관상'과 '활동'이라는 해석학적 도구로 기독교 영성가의 영성적 삶의 유형을 규정하는 것이 적합한가? 이 '관상'과 '활동'이라는 해석학적 도구는 그리스 철학에 대해 비교적 포용적 입장을 가진 동방정교회나 로마 가톨릭교회의 신학에는 적합할 수는 있지만 성서적 근거를 중요하게 생각하는 개신교 신학에는 안 맞는 것은 아닌가?58) 그런 차원에서 본 논문은 마가복음서

오랫동안 영향을 미친 이미지 없는 관상 기도에 대한 가르침을 만들어냈다."라고 했다. 필립 쉘드레이크, 『미래로 열린 영성의 역사』 정병준 옮김 (서울: 한국장로교출판사, 2020), 67.

55) 로마 가톨릭교회의 『제2차 바티칸 공의회 문헌』(1962-1965)에는 "[그리스도께서] 때로는 산에서 관상하시고"라고 했다. 『제2차 바티칸 공의회 문헌』 (서울: 한국천주교 중앙협의회, 2008), 273. 그러나 신약 성경에는 '관상'이라는 단어는 누가복음 23장 48절에 단 한 번 나타난다. 이 경우도 신을 관상하는 것이 아니라 구경하러 모인 무리가 십자가에 달리신 예수를 "보고"(Θεωρίαν)라고 할 때 사용한다. Kurt Aland, *Vollständige Konkordanz zum Griechischen Neuen Testament* (Berlin, New York: Walter De Gruyter, 1975), 530.

56) 아리스토텔레스, 『니코마코스 윤리학』 천병희 옮김 (경기도: 숲출판사, 2018).

57) 이냐시오는 '활동 중에 관상'을 주장한다. 즉, '바로 활동 그 자체안에서 관상적'(simul contem plativus in actione)이라고 말하면서 활동 속에 관상을 포함시킨다. 로욜라의 성 이냐시오, 『로욜라의 성 이냐시오 영신수련』 정한채 옮김 (서울: 이냐시오영성연구소, 2019), 97. 마더 데레사는 49년 동안 인도 캘커타에서 봉사활동을 한다. 참조, 브라이언 콜로디척 신부 엮음, 『마더 데레사: 나의 빛이 되어라』 허진 옮김 (서울: 오래된 미래, 2008).

에 나타난 예수의 이적을 개신교 영성가의 영성적 삶의 유형을 규정
하기 위한 새로운 해석학적 도구로 제시하고 있다. 따라서 연구자는
본 논문을 통하여 기독교 영성사에 나타난 수많은 이적가를[59] 영성가
로 규정할 수 있는 정당성을 확보하게 될 것이다. 아울러 본 연구를
통하여 다른 복음서에 나타난 예수의 영성[60]을 추출하는 실마리를 마

---

58) 동방교부 오리게네스(Origenes, 185-253)는 누가복음 10장 38-42절에 나
오는 마리아는 '관상'을 나타내고, 마르다는 '활동'을 나타낸다고 했다
(*Fragments on Luke* 72). 그러나 개혁주의 신학자 홀트라이히 츠빙글리
(Huldrych Zwingli, 1484-1531)는 마리아와 마르다에 대하여 '관상'과 '활
동'이라는 용어를 사용하지 않는다. 마리아는 관상적 삶의 모델이 아니라
주님의 말씀을 듣는 자로, 마르다는 많은 일 때문에 염려하고 근심하는 자
로 해석한다. "예수는 마르다에게 마르다, 당신은 많은 일 때문에 염려하
고 근심하고 있습니다... 그러나 마리아 막달레나를 보십시오. 그녀는 자기
가 할 수 있는 최상의 것을 선택했는데, 그것은 곧 주님의 말씀을 듣는 것
이었습니다." 홀트라이히 츠빙글리,『츠빙글리 저작선집 1』임걸 옮김 (서
울: 연세대학교 대학출판문화원, 2014), 179-180.
59) 기독교 영성사에서 대표적인 이적가로는 동방정교회에서는 3세기 소아시
아 폰투스 네오카이사레아 교회의 주교였던 기적자 그레고리오스(Gregory
the Miracle-Worker, 213-270)가 있다. 그는 여러 가지 이적과 축귀를 행
했다. 참조, Nyssa Gregory, "ST. Gregory Thaumaturgus Life and
Works," in *The Fathers of the Church* vol 98. trans. Michael Slusser
(Washington, D. C: The Catholic University of America Press, 1998),
62-75, 특히 75. 서방 로마 가톨릭교회에서는 파도바의 성 안토니오
(Sanctus Antonius de Padua, 1195-1231)가 있다. 그는 로마 가톨릭교회에
서 '기적의 성인'으로 알려졌다. 그는 사도행전 2장 4절에 나오는 외국말을
하는 방언을 했으며, 물로 포도주를 만들었다. 참조, 스테파노 델오르토,
『파도바의 성 안토니오』강선남 옮김 (서울: 바오로딸, 2003), 개신교에서
는 스미스 위글스워즈(Smith Wigglesworth, 1859-1947)가 있다. 그는 죽은
어린아이를 살렸다. 참조, 알버트 히버트,『그 능력의 비밀』김유진 옮김
(서울: 은혜출판사, 1996), 60-61.
60) 본 논문에서 연구자가 정의하는 '영성'이라는 용어는 로마 가톨릭교회가
사용하는 '영성' 즉, 아우구스티누스의 신학에 기초한 내면성을 강조하는
영성개념이 아니라 성령을 통하여 형성된 예수의 외면적 신앙의 유형을
의미한다. 따라서 이적을 예수의 영성으로 규정한 것은 이적이 예수의 외
면적 신앙의 한 유형이기 때문이다.

련하게 될 것이다.

한편, 바턴(Stephen C. Barton)은 성서 신학적 관점에서 마가복음서의 영성을 추적하였다. 즉, 마가의 영성은 하나님의 계시에 대한 응답과 관련되어 있으며, 예수의 귀신 축귀도 하나님과의 관계 속에서 설명되어야 한다고 했다. 나아가 기도 영성은 마가의 중요한 측면이며, 기적 이야기는 수난 이야기 때문에 엄청나게 제한된다고 했다.61) 또 한편, 영성 신학자 루이 부이에(Louis Bouyer)는 영성 신학적 관점에서 공관복음서와 요한복음서의 영성을 다루었다. 특히, 마가의 영성을 다루는 부분에서는 마가와 베드로의 복음, 하나님의 아들의 복음, 예수와 마귀들, 그리고 하나님의 통치와 믿음이라는 기독론적 주제를 중심으로 영성을 다루었다.62) 그러나 바턴과 부이에는 주제를 나열하는 방법론을 넘어서지 못하고 마가의 영성을 평면적으로만 접근하였다. 두 사람 모두 마가공동체의 사회적·역사적 정황을 배제한 채 영성을 다루었다. 이에 비해, 서중석은 바턴이나 부이에보다는 한 걸음 나아가 마가공동체의 정황에서 예수의 카리스마적 리더십을 파악하려고 시도했다.63) 그러나 서중석도 마가복음서에 현저하게 나타나고 있는 이적을 예수의 카리스마 리더십과 연관시키지는 않았다. 이들 외에 마가복음서에 나타난 이적을 다룬 논문은 여럿 있지만64), 마가공동체의 관점

---

61) 스티븐 C. 바턴, 『사복음서의 영성』 김재현 옮김 (서울: 기독교문서선교회, 1997), 57-99, 특히 97.

62) Louis Bouyer, *The Spirituality of the New Testament and the Fathers* (New York: Desclee Company, 1963), 106-111.

63) 서중석, "예수의 카리스마적 리더십과 마가공동체," 「신학논단」 29 (2001): 97-116.

64) 참조, Dorothy A. Lee, "Signs and Works": The Miracles in the Gospels of Mark and John," *Colloquium* 47 (2015): 89-101; Charles W. Hedrick, "Miracles in Mark: A Study in Markan Theology and Its Implications for Modern Religious Thought," *PRS* 34 (2007): 297-313; B. Dale. Ellenburg, "A Review of Selected Narrative-Critical Conventions in Mark's Use of Miracle Material," *JETS* 38 (1995): 171-180; John E. Phelan, "The Function of Mark's Miracles," *CQ* 48 (1990): 3-14; Ernest

에서 이적을 예수의 영성과 연관시킨 논문은 찾아보기 어렵다. 따라서 본 논문은 마가공동체의 정황에서 이적을 예수의 영성이라고 규정한 유일한 논문이 될 것이다.

본 논문의 연구 방법은 사회학적 성서해석과 마가복음서와 다른 복음서를 비교하는 방법을 사용하였다. Ⅱ장에서는 마가공동체의 사회적·역사적 정황을 다루게 될 것이다. Ⅲ장에서는 예수의 이적 영성의 내용인 축귀, 병 고침, 그리고 자연 이적이 주로 취급될 것이다.

Best, "The Miracles in Mark," *Review & Expositor* 75 (1978): 539-554; T. Alec Burkill, "The Notion of Miracle with Special Reference to St. Mark's Gospel," *ZNW* 50 (1959): 33-48; 박수암, "마가의 이적 이해," 「장신논단」 16 (2000): 110-132. 그러나 이들은 마가복음서에 나타난 이적을 마가공동체의 정황보다는 마가의 신학적 의도에 초점을 맞추고 있다.

II. 마가공동체의 정황

마가공동체의 정황을 파악하기 위해서는 먼저 세 가지 점들을 검
토해야 한다. 첫째, 마가공동체의 사회적·역사적 정황은 어떤 상황이
었는가? 둘째, 마가공동체에는 어떤 그룹들이 있었는가? 셋째, 마가복
음서에서 이적은 어떤 기능을 하는가? 등이다. 먼저 마가공동체의 사
회적·역사적 정황을 살펴보겠다.

1. 마가공동체의 사회적·역사적 정황

마가공동체가 당면한 사회적·역사적 정황은 기원후 66~70년에
일어난 유대-로마 전쟁의 핍박 상황과 연관되어 있다. 유대 역사가 요
세푸스(Flavius Josephus, 37-100)에 따르면, 로마가 유대를 침공할 때
갈릴리부터 약탈하기 시작했다고 한다.[65] 막센(W. Marxen)은 마가복
음서의 지리적 정보를 보면 한결같이 갈릴리 지향적이라고 한다. 마가
에게 갈릴리는 중요한 사건이 일어난 장소로서 마가는 갈릴리 지방에
있는 '두로'를 삽입하고 있으며(7:24-30), 마가의 예수는 '데가볼리' 지
방을 통과하여 갈릴리 호수에 이른다. 마가복음 6장 21절의 '갈릴리의

---

65) 플라비우스 요세푸스, 『유대전쟁사 1』 박정수, 박찬웅 옮김 (파주: 나남
　　출판사, 2008), 319. "베스파시아누스가 아들 티투스와 함께 프톨레메스에
　　머물며 전열을 가다듬는 동안 플라키두스가 갈릴리를 약탈했다. 그는 도망
　　할 힘조차 없는 약자들이 대부분인 갈릴리 주민을 무수히 살해했다."

귀인들'이나 9장 30절의 '갈릴리'는 마가의 편집구이고, 마가의 예수는
갈릴리에서 수난과 부활을 선포하고(9:31-32; 10:32절 이하), 예수가 부
활 후에 갈릴리로 먼저 가리라는 마가복음 14장 28절과 16장 7절은
긴밀하게 연관되어 있으며, 갈릴리는 재림을 기다리는 새로운 중심지
라는 것이다. 비록 마가공동체를 갈릴리 지도 위에 위치시키지는 못한
다고 하더라도 갈릴리의 중심부에 있었을 것이라고 했다.66) 이에 비
해, 키(H. C. Kee)는 한 걸음 나아가 사회적 정황을 고려한다. 즉, 마
가복음서에서는 동지중해 연안의 전원 혹은 촌락 문화에 대한 문화적
이며, 언어적인 특징들을 보전하고 있으며, 농경문화, 가옥, 노동자의
고용, 토지 소유권, 세금 등은 이 시대의 시리아-팔레스틴의 특징을
정확하게 반영해 주고 있으므로 마가복음서는 남부 시리아 지방에서
집필되었을 것을 암시한다는 것이다.67) 나아가 마가가 팔레스틴과 시
리아 사이의 경계에 있는 장소들을 자주 언급하고 있으며, 다른 복음
서에서는 생략하거나 다른 것으로 변경한 진흙 지붕 집(2:4)에 대한
상세한 문화를 보존하고 있다고 했다. 또한, 마가복음서의 집필 동기는
기원후 66~70년 사이에 로마군의 예루살렘 포위 공격을 받고 멸망하
는 절박한 상황에서 집필되었다고 했다.68) 서중석은 한 걸음 더 나아
가 역사적 배경에 주목한다. 마가공동체의 순례적인 성격은 농촌 배경
과 잘 어울리며, 예수 생애의 마지막 기간 중 예루살렘에서 보낸 짧은
기간을 제외하면 마가의 예수는 거의 팔레스틴의 이 마을 저 마을을
돌아다닌 것으로 묘사하고 있다고 했다.69) 또한, 마가복음의 집필 연
대는 로마군이 주도권을 잡고 예루살렘을 향해 진격하기 시작한 기원

---

66) W. Marxen, *Mark the Evangelist: Studies on the Redaction History of
the Gospel* (Nashville: Abingdon Press, 1969), 66-75, 92-95.
67) H. C. Kee, *Community of the New Age: Studies in Mark's Gospel*
(GA: Mercer University Press, 1983), 102.
68) H. C. Kee, *Understanding the New Testament* Fourth edition (New
Jersey, Englewood Cliffs: Prentice-Hall, Inc, 1983), 98, 100.
69) 서중석, "예수의 카리스마적 리더십과 마가공동체," 113.

후 69년 초 사이로 본다.70) 서중석은 마가복음서의 집필 시기와 로마 군의 공격을 긴밀하게 연관시키고 있다. 이처럼 요세푸스, 막센, 키, 그리고 서중석의 가설 중 어느 것을 선택하더라도 분명한 역사적 배경은 모두 유대-로마 전쟁의 상황을 반영하고 있다는 점이다. 로마군은 갈릴리부터 시작하여 예루살렘을 향해 진군했기 때문이다. 아마도 마가공동체는 갈릴리 혹은 남부 시리아 아니면 팔레스틴의 어느 시골 마을에 자리 잡고 있으면서 로마의 공격에 대한 핍박을 극복하기 위해 예수 전승을 통하여 신학적이며, 영성적 주제에 기대어 구원을 희망했을 것이다.

한편, 바턴은 마가복음서는 박해라는 맥락에서 나왔다고 한다. 예를 들어, 씨 뿌리는 자의 비유에 대한 해석은 '말씀을 인하여 환난과 핍박이 일어나는 때'에 대하여 경고하며(4:17), 마가복음 10장 30절에 순회 전도자들에 대하여 약속된 보장은 '핍박'이라는 무시무시한 상황에 의해 제한된다고 했다. 또한, 마가복음 13장의 소 묵시록은 사회정치적이고, 가정적인 영역(13:9-12)에서의 적대감과 핍박에 대한 준엄한 경고와 함께 '마가 공동체의 고난 예언'이라고 불리는 것을 포함한다고 했다.71) 서중석 역시 마가복음 13장에는 유대-로마 전쟁의 상황이 반영되어 있고, 마가공동체가 처한 극심한 핍박의 상황을 극명하게 담고 있으며, 여기에 나타난 묵시 사상적 세계관은 유대-로마의 전면 전쟁의 참화 속에 처한 마가공동체를 격려하고 존속시킬 수 있었던 사회적 개념이라고 했다.72) 특히, 카리스마 지도자 예수의 순례성은 기원후 66년에 촉발한 유대-로마 전쟁으로 집과 혈육을 잃은 채 처참하고도 불안한 상태에서 함께 여행하는 마가공동체 멤버들의 순례적 성격을 반영하는 동시에, 그 성격을 정당화하고, 강화해 나갈 뿐만 아니라 그들에게 새로운 사회적 정체감과 심리적 안정감을 제공해 주었다는

---

70) 서중석, 『복음서해석』(서울: 대한기독교서회, 1991), 29.
71) 스티븐 C. 바턴, 『사복음서의 영성』, 67-68.
72) 서중석, 『복음서해석』, 55-57.

것이다.73) 이처럼 바턴과 서중석은 마가공동체가 처한 상황은 유대-로마 전쟁으로 말미암은 핍박 상황이었다는 것을 강조한다. 그럼에도 바턴과 서중석은 마가공동체가 선호한 이적과 유대-로마 전쟁과 어떤 연관성이 있는지는 다루지 않았다. 그런 점에서 키는 이들보다는 이적에 관심을 보인다. 키는 예수의 능력과 마가공동체를 연관시킨다. 마가는 제자들 가운데 알려진 예수의 능력이 마가공동체의 삶 가운데 아직도 성령을 통하여 분명히 나타나고 있다는 것을 믿었다는 것이다.74) 이러한 키의 주장은 마가공동체가 예수의 이적을 선호하게 된 근거를 찾는 데 실마리를 제공한다. 그럼에도 키 역시 마가공동체에 이적을 선호하는 영성 그룹의 존재 여부에 대해는 상상하지 못했다. 다음 장에서 마가공동체에는 묵시적 소종파 그룹과 영성 그룹이 공존하고 있었다는 것을 밝히겠다.

2. 마가공동체의 묵시적 소종파 그룹과 영성 그룹

키는 마가복음 13장의 관점에서 마가공동체의 멤버들을 추정했다. 즉, 마가공동체의 일부 멤버들은 무기력하게 되었으며(13:36), 다른 사람들은 예수께서 보내신 특별한 사자라고 주장하는 사람들에게 휩쓸려 갔고(13:6), 신실한 그리스도인들은 시험과 핍박을 경험했으며, 그래서 그들은 하나님이 그들을 버린 것은 아닐까 생각했고(13:9-11, 19), 멤버들은 다른 멤버들을 당국에 밀고했으며(13:12), 깊은 위협과

---

73) 서중석, "예수의 카리스마적 리더십과 마가공동체," 116.
74) H. C. Kee, *Understanding the New Testament,* 107.

속수무책을 느꼈다고 했다. 이 집단적 마음 상태가 바로 묵시적인 종파 운동을 일으켰다는 것이다.[75] 서중석도 마가복음 13장에서 묵시 사상적 전승을 재구성하지 않을 수 없게 한 것은 처절한 유대-로마의 전면 전쟁과 그것의 결과로 예견되는 임박한 성전 파괴라는 사회적, 정치적으로 절망스러운 정황 그 자체였다는 것이다. 이러한 사회적, 정치적 핍박과 불안정이 마가로 하여금 묵시 사상적 세계관을 가장 긴급하고도 적절한 전망으로 선택하도록 했다는 것이다.[76] 나아가 서중석은 마가공동체의 이상적인 모델 그룹으로 소경 바디매오(10:46-52), 어린이들(9:33-37; 10:13-16), 그리고 여인들(7:24-30; 12:43-44; 15:40-41; 16:1-8)을 상정하면서 마가공동체는 여인들의 역할이 현저했던 평신도 공동체였거나, 아니면 그런 공동체를 이상적인 모델로 삼았던 공동체였을 것으로 추정했다.[77] 그러나 서중석이 주장하는 소경 바디매오, 어린이들, 그리고 여인들이 마가공동체 멤버들의 이상적인 모델이라고 하더라도 그들이 묵시적 소종파 그룹에 속한 멤버인지, 아니면 다른 독자적인 그룹을 형성하고 있었는지는 분명하게 말하고 있지 않다. 하나의 가능성은 그들이 마가복음서에서 주로 축귀와 병 고침과 연관되어 있는 것을 보면 마가공동체의 영성 그룹 멤버였을 가능성이 있다.[78] 실제로 마가복음서에는 이적이 현저히 많이 나타나기 때문에 마가공동체에는 묵시적 소종파 그룹만이 아니라 이적을 선호한 영성 그룹도 함께 공존했을 가능성을 배제해서는 안 된다. 일반적으로 기독교 공동체에는 신학적이며, 교리적인 관심이 있는 사람들도 있지만, 다른 한편으로는 신앙적이고, 영성적인 관심이 있는 사람들도 함께 공존

---

75) Ibid., 99.

76) 서중석,『복음서해석』, 75.

77) Ibid., 88-96, 100.

78) 마가복음서에는 축귀가 총 6회 중에 여자 1회, 여자아이 1회, 남자아이 1회 나타난다. 병치유는 총 9회 중에 남자 6회, 여자 2회, 여자아이(딸) 치유 1회 나타난다. 이런 통계를 보면 여자들과 아이들이 마가공동체 멤버들 가운데 있었을 가능성이 있다.

하기 때문이다. 따라서 마가공동체의 묵시적 소종파 그룹이 묵시 사상이라는 신학 사상에 관심을 가진 그룹이었다면, 이적을 선호한 영성 그룹은 신앙적 차원에서 영성에 관심을 가진 그룹으로 추정해 볼 수 있다. 마가는 이 두 그룹을 공존시키기 위해 마가복음서에 묵시적 메시지와 이적을 적절하게 배분했다고 볼 수 있다.

그러면 왜 마가는 이 두 주제를 적절하게 배분했는가? 마가가 마가복음서에 묵시적 메시지와 이적을 동시에 강조한 것은 이 두 그룹 모두에게 닥친 유대-로마 전쟁으로 말미암은 핍박을 극복하기 위하여 서로 갈등하지 말고, 공존하면서 각자의 그룹이 선호하는 신학적이며, 영성적인 주제를 가지고 핍박을 대처하라고 권면할 의도가 있었기 때문이다. 유대-로마의 핍박 상황에서 마가공동체의 묵시적 소종파 그룹은 미래에 나타날 묵시적 세계관을 가지고 핍박의 상황에 대하여 소극적으로 대처했다면, 마가공동체의 영성 그룹은 현실에 나타나는 이적을 하나의 전망으로 선택하여 적극적으로 핍박의 상황을 극복하려고 했다고 추정할 수 있다. 실제로 마가공동체의 사회적 · 역사적 정황은 그렇게 한가하지 않다. 마가공동체는 유대-로마 전쟁으로 멸망을 코앞에 두고 있으므로 이적은 마가공동체 멤버들의 신앙과 영성을 지켜주는 절박한 기능을 했다고 볼 수 있다. 이적을 통해 자신들의 공동체가 기적같이 생존할 수 있기 위해서 자신들의 운명을 예수의 이적에 기대고 있다고 추정할 수 있다. 따라서 마가가 이적을 강조한 것은 마가공동체의 사회적 · 역사적 정황을 고려할 때 설명될 수 있는 문제이다. 결국 마가공동체의 영성 그룹은 핍박의 불안한 상황에서 이적을 고대하게 되고, 실제로 병든 자가 속출하는 상황에서 예수의 이적을 기대하는 영성이 싹텄다고 볼 수 있다. 따라서 서중석이 말하는 마가복음 13장의 묵시 사상적 세계관이 마가공동체를 존속시킨 사회적 개념이라면, 이적은 마가공동체가 다시 생존할 수 있다는 용기를 주는 영적 개념이라고 할 수 있다. 이러한 마가공동체의 정황에서 보면 마가공동체에 묵시적 소종파 그룹은 미래에 종말론적 하나님의 나라를 기대하는 미래주의자들이라고 할 수 있고, 예수의 이적 영성을 선호한 영성 그룹은 현실에서 이적을 통하여 환난을 극복하려는 현실주의자들이라고 추정할 수 있다. 이 두 그룹 가운데 아마도 적극적으로 현실적 주도권을 잡은 그룹은 영성 그룹이었을 것이다. 왜냐하면, 마가복음서에는 묵시적 메시지보다 이적 자료가 현저히 더 많이 나타나기 때문이다. 다음 장에서 마가복음서에 나타난 이적의 기능에 관하여 살펴보겠다.

3. 마가복음서에 나타난 이적의 기능

신약 성서 외에 예수가 이적을 행했다고 하는 유일한 언급은 요세푸스의 『유대고대사』 18장 63절에 나타난다. 여기서 요세푸스는 예수가 이적을 행했다고 한다.[79] 그러나 요세푸스는 예수가 어떤 이적을 행했는지 구체적으로 밝히고 있지 않다. 이에 비해, 마가는 예수의 다양한 이적 전승을 수집하여 예수의 이적 내용을 구체적이고, 다양하게 기술했다. 만약 마가가 수집한 예수의 이적 전승이 없었다면 마태와 누가는 이적이 거의 없는 Q 자료[80]에 있는 예수의 어록 중심으로 마

---

79) "이즈음에 예수라고 하는 한 현자($\sigma o\phi\grave{o}\varsigma$ $\dot{\alpha}v\acute{\eta}\rho$)가 있었다. 만일 그를 한 인간이라고 부를 수 있다면 말이다. 그는 놀라운($\pi\alpha\rho\alpha\delta\acute{o}\xi\omega v$) 일들을 행하는 자였으며"("Γίνεται δὲ κατὰ τοῦτον τὸν χρόνον Ἰησοῦς σοφὸς ἀνήρ, εἴγε ἄνδρα αὐτὸν λέγειν χρή ἦν γὰρ παραδόξων ἔργων ποιητής") Josephus, *Jewish Antiquities Books* XVIII-XIX, ed. G. P. Goold (London: Harvard University Press, 1965), 48. 한글 번역은 박찬웅의 번역을 따랐다. 박찬웅, "요세푸스의 예수 보도의 진위(眞僞) 문제," 「현대와 신학」 24 (1999): 104.

태복음서와 누가복음서를 집필했을 것이다. 베스트(Ernest Best)는 마가가 마가복음서에서 이적을 제자도, 십자가와 부활을 위한 목적으로 편집했다고 한다. 마가가 이적을 그의 복음서의 첫 절반에 위치시킨 것이 그 이유라고 했다.[81] 엘렌부르크(B. Dale Ellenburg)도 마가복음서에는 다른 어느 복음서보다 많이 예수의 정체성이 그의 가르침이 아니라 주로 그의 기적을 통해 드러나고 입증된다는 점에서 독특하다고 했다.[82] 이처럼 베스트나 엘렌부르크가 이적을 강조한 것은 긍정적이지만 막상 마가공동체의 정황과는 이적을 연결하지 않았다. 마가는 마가공동체가 처한 핍박의 상황을 극복하기 위해 치밀한 의도를 가지고 이적을 배치했기 때문이다. 즉, 마가복음서에는 여섯 개의 축귀 기사(1:23-28; 5:1-20; 6:13; 7:24-30; 9:14-29; 16:9)가 중심이 되어 축귀, 병 고침, 그리고 자연 이적의 구조로 편집하고 있다.[83] 또한, 마가의

---

80) Q 자료에는 이적자료가 '백부장의 종 치유 기사' 단 한 개만 나타난다. Q 7:3, 6b-c, 7, 8, 9, ?10? James M. Robinson, Paul Hoffmann, and John S. Kloppenborg, *The Critical Edition of Q* (Minneapolis: Fortress Press, 2000), 106, 108, 110, 112, 114, 116.

81) Ernest Best, "The Miracles in Mark," 540, 543-545, 547, 550.

82) B. Dale Ellenburg, "A Review of Selected Narrative-Critical Conventions in Mark's Use of Miracle Material," 177. 한편, 도로시 리 (Dorothy A. Lee)는 마가복음서의 기적들은 마가의 예수가 막을 열었던 (1:15) 종말론적 실재를 알려주는 것이며, 우주적 의미에서(8:38; 13:26; 14:62) 예수의 파루시아(재림)를 성취하게 될 것을 가리킨다고 했다. Dorothy A. Lee, ""Signs and Works": The Miracles in the Gospels of Mark and John," 97.

83) 마가복음서 전반부인 마가복음서 1-8(10) 장까지에 이러한 구조가 두드러지게 나타난다. 축귀를 기준으로 문단을 나눠보면 다음과 같다. 첫째 문단은 가버나움 축귀(1:21-28), 베드로 장모 열병 치유(1:29-31), 한센병 환자 치유(1:40-45), 중풍 병자 치유(2:1-12), 손 마른 자 치유(3:1-6), 둘째 문단은 바알세불 축귀논쟁(3:20-30), 풍랑을 잔잔케 하신 기사(4:35-41), 셋째 문단은 거라사 축귀(5:1-20), 야이로 딸과 혈루증 걸린 여인 치유(5:21-42), 야이로의 딸 살림(5:35-43), 넷째 문단은 제자 파송 할 때 축귀(6:13), 오병이어 이적(6:30-44), 물 위를 걸으심(6:45-52), 다섯째 문단은 수로보니게 여인의 딸 축귀(7:24-30), 귀먹고 어눌한 사람 치유(7:31-37), 사천 명 먹이

이적에 대한 강조는 '마가의 요약' 부분(1:32-39; 3:7-12; 6:55-56)에 두드러지게 나타난다. 이 요약은 전승의 일부가 아니라 마가 자신에게서 나온 것으로서 예수의 이적 활동이 중요한 요소로 강조되고 있다.[84]

그러면 왜 마가는 마가복음서 전체에 예수가 행한 다량의 이적 전승을 소개하고 있는가? 펠란(John E. Phelan)은 마가복음서에 나타난 이적은 구약의 레위기, 민수기, 신명기 그리고 제3 이사야와 연관시키면서 부정한 것을 정하게 한다는 '성결 지도'(holiness map)의 관점에서 마가복음서의 이적을 분석했다.[85] 그러나 펠란은 마가공동체의 사회적·역사적 정황을 간과하고 구약의 성결 법전과 마가복음의 이적을 단순 비교하고 있다. 마가복음서에 나타난 이적의 기능을 추정하기 위해서는 마가공동체의 사회적·역사적 정황을 배제해서는 안된다. 특히, 마가공동체의 영성 그룹은 부활한 예수가 현재 자신들이 처한 위기의 상황에서 이적을 베풀어 구원해 주기를 희망하고 있다. 다시 말해, 마가공동체의 영성 그룹은 유대-로마 전쟁의 핍박 상황에서 과거에 예수가 행한 이적을 자기들이 따라야 할 이상적인 신앙 영성으로 규정하고 예수의 이적이 다시 재현되어 핍박의 상황을 극복하려고 했던 것이다. 이처럼 마가복음서에 나타난 이적은 유대-로마 전쟁의 핍박을 극복하기 위한 기능을 한다. 그러면 예수의 이적 영성의 구체적인 내용은 어떤 것들인가? 다음 장에서 살펴보겠다.

심(8:1-10), 벳새다 맹인 치유(8:22-26), 여섯째 문단은 귀신 들린 아이 축귀(9:14-29), 소경 바디매오 치유(10:46-52) 등이다.
84) 김득중, 『복음서신학』(서울: 컨콜디아사, 1985), 106-107.
85) John E. Phelan, "The Function of Mark's Miracles," 3, 6, 9-10. 펠란은 마가복음서에 나타난 부정한 것이 정하게 된 경우도 마가복음서의 모든 이적을 인용한 것이 아니라 선택적으로 인용한다(1:21-28; 1:40-45; 3:1-6; 3:20-30; 5:1-20; 5:25-43; 7:1-23).

III. 예수의 이적 영성의 내용

헤드릭(Charles W. Hedrick)은 마가복음서에 나타난 이적을 크게 셋으로 구분하였다. 첫째, 네 개의 축귀 기사, 둘째, 아홉 혹은 여덟 개의 병 치유, 그리고 다섯 개의 자연 이적으로 구분하였다.[86] 마가복음을 다른 복음서와 비교해 볼 때 의도적으로 이적을 강조한 것은 마가 공동체의 영성 그룹이 이 세 가지 이적을 통하여 유대-로마 전쟁의 위기를 극복하기 위한 영성의 도구로 사용하려는 목적을 가지고 있었기 때문이다. 먼저 축귀에 관하여 살펴보겠다.

1. 축귀

스털링(Gregory E. Sterling)은 1세기 갈릴리의 테두리 안에서 예수에 대한 인물 묘사는 축귀자이고, 이야기 전승이나 말씀 전승에서도

---

86) Charles W. Hedrick, "Miracles in Mark: A Study in Markan Theology and Its Implications for Modern Religious Thought," 299, 307, 310. 헤드릭은 야이로의 딸 치유는 치유로 보기에 모호하므로 치유에서 제외할 수 있다고 한다. 또한, 헤드릭은 마가복음서의 이적은 예수의 정체성을 밝히는 데는 기능하지 않는다고 한다. 한편, 리(Dorothy A. Lee)는 마가복음서에는 18개의 이적이 나타난다고 한다. 즉, 치유(7개), 자연 치유(5개), 죽음에서 살아남(1개), 축귀(4개), 나병환자를 깨끗하게 함(1개) 등이다. Dorothy A. Lee, "Signs and Works": The Miracles in the Gospels of Mark and John," 89.

예수는 축귀자로 나타나고 있으며, 축귀는 예수 사역의 특징적이라고 했다.87) 실제로 마가복음은 예수 전승을 통하여 예수의 축귀 기사를 가장 먼저 소개한다. 예를 들어, 마가복음 1장 21-28절에서 예수는 가버나움 회당에서 귀신을 쫓는다. 마가는 예수의 소문이 "온 갈릴리 사방에 퍼지더라."(1:28)라고 했다. 이에 비해 누가는 "그 근처 사방에 퍼지니라."(4:37)라고 했다. 마가는 "온 갈릴리 사방에" 퍼지는데, 누가는 "근처 사방"에 퍼지는 것으로 범위를 다소 축소한다. 한편, 키는 마가는 '의미심장하게'(significantly), 예수가 실행한 첫 번째 행동을 가버나움 회당에서 축귀를 수행한 것이라고 했다.88) 그러나 키가 가버나움 축귀를 '의미심장하게' 인식했음에도 그는 마가복음서 전체에서 마가가 축귀 기사를 의도적으로 가장 앞에 배치했다는 사실은 눈치채지 못한 것 같다. 마가가 예수의 이적 가운데 축귀를 맨 처음 이적으로 소개한 것은 유대를 공격하는 로마 군대를 귀신으로 상정하고 축귀하듯이 그들을 가장 먼저 쫓고 싶은 열망이 반영된 듯하다. 나아가 마가복음 1장 39절의 마가의 요약구에서 예수는 "온 갈릴리에 다니시며 그들의 여러 회당에서 전도하시고 또 귀신들을 내쫓으시더라."라고 했다. 누가는 "갈릴리 여러 회당에서 전도하시더라."(4:44)라고 했다. 누가는 마가의 "귀신들을 내쫓으시더라."를 생략한다. 특히, 마가는 귀신을 복수("귀신들"($\tau\grave{\alpha}$ $\delta\alpha\iota\mu\acute{o}\nu\iota\alpha$))로 사용하면서 예수가 많은 귀신을 쫓았다고 강조한다. 더 나아가 마가복음의 특수자료인 3장 11절에서는 "더러운 귀신들도 어느 때든지 예수를 보면 그 앞에 엎드려 부르짖어 이르되 당신은 하나님의 아들이니이다."라고 했다. 마가는 예수를 더러운 귀신들을 제압하는 능력가로 묘사한다. 연이어 마가복음 3장 13-19절에서 열두 제자를 세울 때 "자기와 함께 있게 하시고 또 보내사 전도도 하며 귀신을 내쫓는 권능을 가지게 하려 하심이러라."(3:15)라고 했다. 마

---

87) Gregory E. Sterling, "Jesus as Exorcist: An Analysis of Matthew 17:14-20; Mark 9:14-29; Luke 9:37-43a," *CBQ* 55 (1993): 492.
88) H. C. Kee, *Understanding the New Testament*, 103.

가는 제자들의 사역 중의 하나가 귀신을 내쫓는 것이라고 한다. 누가는 귀신에 관한 언급이 없다(6:12). 아울러 마가복음 3장 22절에서 예수가 "귀신의 왕을 힘입어 귀신을 쫓아낸다."라고 했다. 마태는 바리새인들이 간접적으로 예수를 귀신 내쫓는 자로 넌지시 말한다(12:24). 누가는 그중(무리)에 더러 말한다(11:15). 누가는 이런 말을 한 사람을 특정하지 않으면서 일부가 말하는 것처럼 공감대를 다소 축소한다. 이에 비해, 마가는 서기관들의 입을 통하여 예수를 귀신 쫓는 자로 확정해서 말한다. 또한, 마가복음 5장 1-20절에서 마가의 예수는 거라사 귀신을 축출한다. 마가는 이십 절로 길게 기록한다. 이에 비해, 마태는 마가를 빌려오지만 일곱 절로 대폭 축소한다(8:28-34). 누가복음은 마가복음보다 여섯 절을 축소한다(8:26-39). 나아가 마태복음은 "그 지방에서 떠나시기를 간구하더라."(8:34)라고 했다. 마태복음의 마지막은 사람들이 예수의 축귀를 환영하지 않는 것같이 묘사한다. 누가복음의 마지막은 귀신이 나간 자에게 "집으로 돌아가 하나님이 네게 어떻게 행하였는지를 말하라."라고 했다. 그러자 "온 성내에 전파"(8:39) 한다. 이에 비해, 마가복음의 마지막은 "데가볼리에 전파하니"(5:20)라고 했다. 마가는 예수의 축귀 사실을 더욱더 넓은 지역으로 범위를 확장하여 알린다. 카터(Warren Carter)는 이 장면이 로마의 권력이 통제 불능, 마귀적, 군국주의, 자기 파괴적인 남성성을 조롱하며, 예수의 우월성, 명령적이며, 남성적 지배에 의한 여성적 약함으로서의 로마의 패배를 상상함으로써 예수의 지배적인 남자다움(하나님의 아들)을 새긴 것이라고 주장한다.[89] 칼피노(Teresa Calpino) 역시 이 축귀 기사는 원래 초기 공동체 안에서 널리 퍼져 있었던 대중적이었는데(5:1-7) 여기

---

89) Warren Carter, "Cross-Gendered Romans and Mark's Jesus: Legion Enters the Pigs (Mark 5:1-20)," *JBL* 134 (2015): 140-147, 154-155, 특히 140. 카터는 이 본문에서 예수는 군대 사령관으로 나타나며, 전쟁 때에 사용하는 군사 용어인 '급파한다'(ἀποστείλη/send or dispatch)와 '달리다'(ὁρμάω/rushed)라는 동사를 사용했고, 군사적 승리를 성취했다고 한다.

에 정치적 풍자를 삽입했다고 한다. 특히, 돼지와 로마 군대 사이의 상징적인 풍자는 로마의 점령 아래 살고 있었던 사람들을 그 지배로부터 해방을 약속하는 것이 함유되어 있다고 했다.[90] 이처럼 거라사 축귀 기사는 정치적인 메시지를 함축하고 있다. 아마도 마가공동체의 영성 그룹은 거라사 축귀 기사를 통하여 예수의 이적 능력으로 유대-로마 전쟁에서 로마의 패망을 희망하고 있었다고 추정할 수 있다. 한편, 마가복음 6장 7-13절의 열두 제자 전도 파송 기사에서 예수는 제자들에게 "더러운 귀신을 제어하는 권능을 주시고"(6:7)라고 했다. 실제로 제자들은 전도하는 과정에서 귀신을 쫓아내며 병을 고친다. 마가는 "많은 귀신을 쫓아내며 많은 병자에게 기름을 발라 고치더라."(6:13)라고 했다. 마태는 마가를 빌려와서 "더러운 귀신을 쫓아내며 모든 병과 모든 약한 것을 고치는 권능"(10:1)을 준다. 그러나 마태복음에는 제자들이 나가서 실제로 귀신을 쫓아내거나 병든 자를 고쳤다는 기사는 나오지 않는다(10:5-15). 누가도 마가를 빌려와서 "모든 귀신을 제어하며 병을 고치는 능력과 권위"(9:1)를 준다. 그러나 누가도 "곳곳에 복음을 전하며 병을 고치더라."(9:6)라고 했다. 누가는 전도 현장에서 제자들이 귀신을 쫓았다는 언급은 하지 않는다. 이것을 보면 마가의 예수는 전도 출발 전에 더러운 귀신을 제어하는 능력을 주고, 실제로 제자들이 전도 현장에서 많은 귀신을 내쫓는다. 나아가 마가복음 7장 24-30절에서 예수는 귀신 들린 수로보니게 여자의 딸 귀신을 쫓는다. 예수는 여자에게 "돌아가라 귀신이 네 딸에게서 나갔느니라."(7:29)라

---

90) Teresa Calpino, "The Gerasene Demoniac (Mark 5:1-20): The pre-Markan Function of the Pericope," *BR* 53 (2008): 19-23, 특히 23. 한편, 엘더(Nicholas A. Elder)는 막 5:1-20절은 구약의 '감시자의 책'(에녹 1서 1-36장)과 적어도 다섯 가지 개념적, 언어적 유사성을 공유하고 있으므로 '감시자의 책'은 막 5:1-20을 설명하고, 공감하는 효과적인 전통임을 보여주고 있다고 한다. Nicholas A. Elder, "Of Porcine and Polluted Spirits Reading the Gerasene Demoniac (Mark 5:1-20) with the Book of Watchers (1 Enoch 1-36)," *CBQ* 78 (2016): 430-446, 특히 446.

고 했다. 여자가 집에 돌아가 본즉 "아이가 침상에 누웠고 귀신이 나
갔더라."(7:30)라고 했다. 마가의 예수는 분명히 여자에게 귀신이 나갔
다고 말한다. 이에 비해, 마태의 예수는 "네 믿음이 크도다. 네 소원대
로 되리라 하시니 그 때로부터 그의 딸이 나으니라."(15:28)라고 했다.
마태의 경우 딸에게서 귀신이 나갔다는 내용은 없고 "나으니라"라고만
한다. 마가는 여자의 믿음을 칭찬하는 부분은 없고 오히려 귀신이 나
간 것으로 강조점을 이동한다. 이에 비해, 마태는 딸에게서 귀신이 나
간 것에서 여자의 믿음으로 강조점을 이동한다. 더 나아가 마가복음 9
장 14-29절에서 마가의 예수는 제자들이 쫓지 못한 귀신 들린 아이의
귀신을 쫓는다. 악트마이어(Paul J. Achtemeier)는 이 본문이 그리스
신화의 아스클레피오스(Asclepius)와 아폴로니우스(Apollonius)의 이야
기와 유사한 점이 있지만 역사적 예수는 실제로 축귀 행위를 수행했
으며, 이 구절은 예수의 생애에 역사적 기반을 두고 있다고 했다.91)
마가는 이 본문에서 귀신을 내쫓는 장면을 구체적으로 소개한다. 즉,
예수는 귀신을 향하여 꾸짖어 이르되 "말 못하고 못 듣는 귀신아 내가
네게 명하노니 그 아이에게서 나오고 다시 들어가지 말라."(9:25)라고
했다. 그러자 "귀신이 소리 지르며 아이로 심히 경련을 일으키게 하고

---

91) Paul J. Achtemeier, "Miracles and the Historical Jesus: A Study of
    Mark 9:14-29," *CBQ* 37 (1975): 482-487, 490-491, 특히 490. 반면에 역
    사가 헤드릭(Charles W. Hedrick)은 마가복음서에 나타난 이적은 1세기
    당시 그리스와 로마의 이적가와 경쟁의 차원에서 마가가 예수의 이미지를
    기적가로 타협한 것이라고 한다. 따라서 예수와 아폴로니우스 그리고 아스
    클레피오스가 행한 기적들은 일반적으로 경험하는 역사의 장에서는 검증
    할 수 없기 때문에 믿을 수 없다고 한다. 따라서 예수의 축귀나 자연 이적
    들은 일어나지 않은 것이라고 한다. Charles W. Hedrick, "Miracles in
    Mark: A Study in Markan Theology and Its Implications for Modern
    Religious Thought," 297-298, 311-312, 특히 312. 그러나 역사가로서 헤드
    릭은 역사와 신화를 혼동하고 있다. 아폴로니우스와 이스클레피오스가 신
    화적 인물이라면, 예수는 역사적 인물이기 때문이다. 또한, 마가복음서가
    집필될 당시에 마가공동체에는 역사적 예수가 이적을 행한 것을 현장에서
    직접 경험한 사람들이 생존하고 있었을 가능성을 간과해서는 안된다.

나가니 그 아이가 죽은 것 같이 되어"(9:26)라고 했다. 마가는 귀신이 나가는 현상을 상세하게 보도한다. 이에 비해, 마태는 단 한마디 "예수께서 꾸짖으시니 귀신이 나가고 아이가 그때부터 나으니라."(17:18)라고 했다. 그러면서 마태는 이 기사의 마지막에 마가에 없는 내용을 추가한다. 즉, "만일 너희에게 믿음이 겨자씨 한 알만큼만 있어도 이 산을 명하여 여기서 저기로 옮겨지라 하면 옮겨질 것이요 또 너희가 못할 것이 없으리라."(17:20)라고 했다. 마태의 관심은 축귀가 아니라 그 기사를 통해 믿음을 교훈한다. 누가도 "더러운 귀신을 꾸짖으시고 아이를 낫게 하사 그 아버지에게 도로 주시니"(9:42)라고 했다. 누가도 마태같이 귀신이 나가는 구체적인 현상을 설명하지 않는다. 연이어 마가복음 9장 38-50절에서 요한이 예수에게 우리를 따르지 않는 자가 주의 이름으로 귀신을 내쫓아서 금했다고 하자 예수는 금하지 말라고 한다. 그리고 작은 자 중에 하나라도 실족하지 않게 하라고 한다(9:42). 여기서 마가의 예수는 마가공동체를 따르지는 않지만 주의 이름으로 귀신을 내쫓는 사람들을 옹호하는 듯한 발언을 한다. 이에 비해, 마태는 주의 이름으로 축귀를 하는 사람들의 기사가 없고, 작은 자 중에 하나를 실족시키지 말라는 내용만 나온다(18:6). 누가복음도 마가복음을 빌려오지만 누가의 예수는 축귀자들을 빼고 "너희를 반대하지 않는 자는 너희를 위하는 자니라."(9:50)라고 했다. 누가의 예수는 귀신을 쫓는 것이 제자들의 영역인 것처럼 한걸음 물러서 있다. 그러나 마가의 예수는 "우리를 반대하지 않는 자는 우리를 위하는 자니라."(9:40)라고 하면서 예수 자신도 축귀 사역에 주체적 멤버로 동참하는 듯하다. 이처럼 마가복음서에는 마치 '귀신'이 '로마'를 상징하는 듯하다. 마가공동체의 영성 그룹은 예수의 축귀 기사를 통하여 유대-로마 전쟁의 상황에서 로마라는 귀신을 축귀 하듯이 축귀 기사를 활용했다고 상상해 볼 수 있다. 다음 장에서는 예수의 병고침에 관하여 살펴보겠다.

2. 병 고침

마가복음 1장 40-45절에서 마가의 예수는 나병환자를 치유한다. 스펜서(F. Scott Spencer)는 마가복음 1장 41절에 초점을 맞추어 아리스토텔레스(Aristotle, 기원전 384-322)와 세네카(Seneca, 기원전 4년-65)와 마가의 분노 개념의 특징을 통하여 예수의 메시아적 소명의 주요 목표를 성취하기 위해 공개적으로 감소한 의지에 대해 느끼는 인지적(cognitive)-동기적(motivational)-관계적(relational)-가치에 기반을 둔(value-laden) 분노의 의미를 포착하려고 했다.92) 그러나 이 본문을 다른 복음서와 비교해 보면 마가의 초점은 분노가 아니라 병을 고치는 데 있다는 것을 알 수 있다. 마가는 예수가 한적한 곳으로 가지만 병 고침을 받기 위해 사방에서 사람들이 몰려오는 것으로 묘사한다(1:45). 마태는 마가를 그대로 따르면서도 병을 고치기 위해 예수에게 몰려온다는 언급은 없다. 누가도 마가를 따르지만, 무리가 예수께 나오는 것은 병 고침만을 받기 위해 오는 것이 아니라 말씀을 듣기 위해서 온다. 즉, "말씀도 듣고 자기 병도 고침을 받고자"(5:15) 모여든다. 누가는 병 고침보다 말씀을 앞쪽에 위치시킨다. 또한, 누가는 예수가 나병환자를 고친 후에 한적한 곳으로 가지만 예수가 한적한 곳으로 간 목적은 기도하기 위해서이다(5:16). 이에 비해, 마가는 나병환자를 고치는 기사에만 집중한다. 마가의 예수에게 무리가 몰려오는 것도 병 고

---

92) F. Scott Spencer, "Why Did the "Leper" Get Under Jesus'Skin? Emotion Theory and Angry Reaction in Mark 1:40-45," *HBT* 36 (2014): 111-118, 122. 스펜서는 *Novum Testamentum Graece*, 28th에 나오는 '불쌍히 여기사'(σπλαγχνισθεὶς) 대신 베자 사본(D)에 나오는 '분노하사'(ὀργι σθεὶς)를 선택하여 감정의 문제에 초점을 맞추었다. K. Aland et al., *Novum Testamentum Graece*, 28th edition (Stuttgart: Deutsche Bibelgesellschaft, 2017), 106. 막 1:41절의 본문과 각주를 보라.

침이 제일 중요한 목적이다. 나아가 마가의 예수는 마가복음 2장 1-12
절에서 중풍병자를 치유한다. 마가의 무리는 하나님께 영광을 돌리며
"우리가 이런 일을 도무지 보지 못하였다."(2:12)라고 했다. 마태는 마
가를 따르지만, 하나님께 영광을 돌리면서 끝난다(9:8). 무리의 반응은
언급하지 않는다. 누가도 마가를 따르지만 무리는 하나님께 영광을 돌
리며 "두려워하여 이르되 오늘 우리가 놀라운 일을 보았다."(5:26)라고
했다. 누가의 무리는 "놀라운 일"이라고 하지만 마가는 "이런 일을 도
무지 보지 못한 것"(2:12)이라고 하면서 이적의 강도를 더 강하게 표현
한다. 한편, 키는 마가가 2장 10절에서 그의 친구들을 통하여 지붕에서
내려진 중풍병자로부터 그의 병을 위한 도덕적 책임의 문제로 초점을
이동시킴으로써, 마가는 직접적인 치유 이야기로부터 예수가 이미 죄
용서를 선포하는 능력을 소유하고 있다는 것을 주장하는 것으로 전승
을 변형시켰다고 했다.93) 그러나 마가가 2장 10절을 변형시켰다고 볼
명백한 근거가 없다. 평행구절인 마태복음 9장 6절도 "인자가 세상에
서 죄를 사하는 권능이 있는 줄을 너희로 알게 하려 하노라."라고 했
고, 누가복음 5장 24절도 "인자가 땅에서 죄를 사하는 권세가 있는 줄
을 너희로 알게 하리라."라고 했다. 만약 마가복음 2장 10절이 예수 전
승으로부터 온 것이 아니라 마가의 변형이었다면 마태나 누가 중에
어느 한 사람이라도 그 내용을 삭제하거나 수정했을 가능성이 있다.
그러나 마태와 누가가 마가의 것을 그대로 빌려온 것을 보면 마가복
음 2장 10절을 마가의 변형이라고 볼 근거가 명백하지 않다. 다만, 인
자와 예수의 죄 사함을 분리해서 다루는 것은 가능하리라 본다.94) 따
라서 키가 말하는 중풍병자 치유 기사를 예수의 죄 용서 기사로 변형
시켰다는 것은 설득력이 약하다. 오히려 예수의 이적과 죄 사함을 동

---

93) H. C. Kee, *Understanding the New Testament*, 105.
94) 마가가 '인자'라는 용어를 삽입했을 가능성은 배제할 수 없다. Joachim
    Gnilka, *Das Evangelium Nach Markus* (Mk 1-8,26) (Zürich: Benziger
    Verlag, 1978), 101.

시에 강조하고 있다고 보는 가이저(Frederick J. Gaiser)가 키보다 설득력이 있다. 가이저는 마가가 시편 103편 3절에 기반을 둔 죄 용서와 치유의 평행 법을 따랐다고 한다.95) 그러나 가이저도 시편 103편과 마가복음 2장을 단순 비교하고 있다. 가이저는 마가공동체의 역사적 정황을 고려하지 않고 있다. 지금 마가공동체는 유대-로마 전쟁의 상황에서 시편이 제시하는 죄 용서와 치유의 구조를 빌려오더라도 현재 중풍병자 같은 마가공동체가 기적같이 일어나는 것에 더 희망을 두고 있었다고 추정할 수 있다. 더 나아가 마가복음 3장 1-6절에는 손 마른 자를 고치는 기사가 나온다. "예수께서 다시 회당에 들어가시니 한쪽 손 마른 사람이 거기 있는지라."(3:1)라고 했다. 마태는 사람들이 "안식일에 병 고치는 것이 옳으니이까."(12:10)라고 한 후에 손 마른 사람을 고친다. 누가는 안식일에 회당에 들어가 "가르치실새 거기 오른손 마른 사람이 있는지라."(6:6)라고 했다. 마가는 예수가 회당에 들어간 것은 한쪽 손 마른 자를 고쳐주기 위해 들어간 것 같이 묘사한다. 마가의 예수는 누구에 의해서가 아니라 예수 자신의 자발적인 의지로 고친다. 이에 비해, 마태의 예수는 사람들이 안식일에 병을 고치는지 고발하려고 질문했을 때 고친다. 누가는 회당에서 가르치실 새 한쪽 손 마른 자를 발견하고 고친다. 누가의 예수는 병 고침보다는 가르치는 것이 우선하는 것 같이 표현한다. 또한, 마가복음의 특수자료인 3장 10절에 "많은 사람을 고치셨으므로 병으로 고생하는 자들이 예수를 만지고자 하여 몰려왔음이더라."라고 했다. 마가는 예수를 병을 고치는 치유자로 묘사한다. 아울러 마가복음 5장 21-43절에는 야이로의 딸 치유와 혈루증 걸린 여자의 치유 기사가 섞여서 나온다. 해튼(Stephen B. Hatton)은 야이로의 딸 치유 기사에 혈루증 걸린 여자의 치유 기사를 끼워 놓은 것에 관해 두 기사는 고대 그리스의 코미디, 특히 아리스토

---

95) Frederick J. Gaiser, ""Your Sins are Forgiven....Stand up and Walk": A Theological Reading of Mark 2:1-12 in the Light of Psalm 103," *Ex auditu* 21 (2005): 71, 79, 82-84, 특히 82.

파네스(Aristophanes, 기원전 446-385)의 희극과 비교하면서 희극적 모호성이 나타나는 기사라고 한다. 소녀가 죽은 것인지 아니면, 잠을 자고 있던 것인지가 모호하며, 혈루증 걸린 여자도 예수의 옷이 만져 졌는지, 아니면 예수 자신이 만져졌는지가 모호한 코미디라고 한다. 심지어 혈루증 걸린 여자의 경우는 믿음의 치료가 아니라 육체적이며 성적인 접촉일 가능성이 있다는 것이다. 이러한 모호성은 그리스 코미디의 특징이라고 한다. 결국, 이 두 기사는 예수가 여자를 치유한 것이 아니라 아마도 여자가 예수의 옷을 만지고 여자 스스로 치유된 것으로 보이며, 야이로의 딸을 치유한 때도 그 소녀가 죽음에서 살아난 것이 아니라 예수가 단순히 잠자는 소녀를 깨운 것이라고 한다. 따라서 이 두 기사는 치유와 믿음에 대한 직접적인 가르침과는 상반된다고 한다.96) 그러나 해튼의 해석은 지나치게 그리스 희극, 특히, 아리스토 파네스에 무게를 두고 단순하게 해석을 한 듯하다. 해튼은 희극의 모 호성이라는 관점에 무게를 두면서 이 두 기사에서 예수의 능력으로 치유가 일어났다는 사실은 은근히 비껴간다. 이런 점에서 오히려 예수 의 치유를 강조하고 있는 가이저의 주장이 더 설득력이 있어 보인다. 가이저는 야이로의 딸과 혈루증 걸린 여자의 치유는 하나님의 능력이 예수 그리스도를 통하여 나타난 사건이라고 한다.97) 해튼의 그리스 희 극에 근거한 해석보다는 성경 본문에 충실한 근거를 가진 가이저의

---

96) Stephen B. Hatton, "Comic Ambiguity in the Markan Healing Intercalation (Mark 5:21-43)," *Neotestamentica* 49 (2015): 102, 105-106, 109, 113-116, 특히 116.

97) Frederick J. Gaiser, "In Touch with Jesus: Healing in Mark 5:21-43," *Word & World* 30 (2010): 12. 한편, 모스(Candida R Moss)는 막 5:25-34 절의 예수와 혈루증 걸린 여자의 다공성(多孔性) 신체(Porous Bodies)의 특성의 관점에서 서로 비교하면서 예수가 신성한 의사로서 자기 몸은 계 속해서 구멍이 뚫리고, 통제되지 않은 상태로 남아서 혈루증 걸린 여자를 오염시키고, 치료했다고 한다. Candida R Moss, "The Man with the Flow of Power: Porous Bodies in Mark 5:25-34," *JBL* 129 (2010): 514-519.

해석이 더 설득력이 있어 보인다. 실제로 마가의 예수는 "네 믿음이 너를 구원하였으니 평안히 가라 네 병에서 놓여 건강할지어다."(5:34)라고 했다. 이에 비해, 마태의 예수는 "네 믿음이 너를 구원하였다 하시니 여자가 그 즉시 구원을 받으니라."(9:22)라고 했다. 누가의 예수는 "네 믿음이 너를 구원하였으니 평안히 가라."(8:48)라고 했다. 마가만 "네 병에서 놓여 건강할지어다."라고 하면서 구체적으로 '병'이라는 단어를 특정해서 언급한다. 또한, 마가복음 6장 1-6절에서 마가의 예수는 고향에 돌아가 회당에서 가르치신다. 그러나 고향 사람들이 예수를 배척하자 거기서는 아무 권능도 행하실 수 없었다고 한다. 그러나 마가는 "다만 소수의 병자에게 안수하여 고치실 뿐이었고"(6:5)라는 말을 덧붙인다. 마태는 "그들이 믿지 않으므로 말미암아 거기서 많은 능력을 행하지 아니하시니라."(13:58)라고 했다. 누가는 예수가 회당에서 가르친 내용만 기록하고 소수의 병자를 고쳤다는 내용은 생략한다(4:16-30). 마가의 예수는 소수의 병자라도 고친다. 나아가 마가복음 6장 53-56절에서 마가의 예수는 게네사렛에서 병자를 고친다. "병든 자를 침상째로 메고 나아오니"(6:56)라고 했으며, "손을 대는 자는 다 성함을 얻으니라."(6:57)라고 했다. 마가는 지방이나 도시나 마을에서 병자를 시장에 두고 예수께서 그 옷 가라도 손을 대게 하시기를 간구한다(6:56). 이에 비해, 마태는 예수의 소문을 그 근방에만 통지한다(14:35). 마가는 마태보다 예수가 병자를 고친 장소를 여러 곳 열거한다. 마태는 병든 자의 모습이나 장소를 언급하지 않는 데 비해, 마가는 "병든 자를 침상째로 메고 나아오고"(6:55), "시장"(6:56)에 둔다. 마가는 구체적으로 병든 자의 모습과 장소를 언급함으로 병든 자를 실제로 고쳤다는 것을 드러낸다. 더 나아가 마가복음 7장 31-37절은 마가복음의 특수자료로서 예수는 귀먹고 말 더듬는 자를 고친다. 오웬스(Catherine Owens)는 "사람들이 심히 놀라"(7:37)라는 부분은 예수가 회당장 야이로의 죽은 딸을 살린 사건(5:42)과 함께 마가복음서에 단 두 번 나오는데 여기에 나온다고 했다.98) 마가는 사람들이 심히 놀랄

정도로 예수가 대단한 치유자라는 것을 강조하고 있다. 아울러 마가복음 8장 22-26절은 마가복음의 특수자료로 벳새다 맹인을 고치는 기사이다. 마가의 예수는 맹인의 "눈에 침을 뱉으시며 그에게 안수"(8:23)하여 고친다. 그러나 완전하게 치유하지 못하자 "그 눈에 다시 안수하시매"(8:25)라고 했다. 마가의 예수는 불완전한 치유를 하시는 분이 아니라 완전한 치유를 하시는 분으로 치유의 완전성을 부각한다. 연이어 마가복음 10장 46-52절에 마가의 예수는 맹인 거지 바디매오의 눈을 뜨게 한다. 악트마이어(P. J. Achtemeier)는 이것은 이적 기사가 아니라 소명 기사이며, 마가의 제자직의 정점에 있는 기사이고, 특히, 마가복음 10장 51절에서 맹인이 예수를 향하여 '선생님이여'(ραββουνι)라고 부른 용어는 제자직의 용어이며, 이 기사는 마가복음 8장 22-26절의 소경 치유 기사와 함께 시작과 끝에 유사한 자료를 배치하는 수미상관(inclusio) 구조를 통해 제자직의 의미를 돋보이게 했다고 한다.[99]

---

98) Catherine Owens, ""Hear, O Israel": Exegetical Blindness and Mark 7:31-37," *STR* 56 (2013): 255. 한편, 올라군주(Olugbenga Olagunju)는 이 본문에서 예수가 침과 손을 사용하여 치유한 것은 유대교나 그레코 로마와 아프리카의 마술사들이 하는 것과 유사하지만, 예수는 마술을 한 것이 아니라 기적을 행한 것이며, 친밀, 동정과 자비를 표현한 것이라고 했다. 특히, 이 본문에서 마태의 관심은 기적 자체보다는 기적의 의미에 있지만 마가는 기적 자체에 있다고 했다. 또한, 마가는 마가복음서 총 666구절 가운데 209구절이 예수의 기적을 다루고 있다고 했다. Olugbenga Olagunju, "Jesus'healing Miracles in Mark 7:31-37 in an African Context," *OJT* 18 (2013): 69, 72, 82-84, 90, 특히 72.

99) P. J. Achtemeier, ""And He Followed Him": Miracles and Discipleship in Mark 10:46-52," *Semeia* 11 (1978): 115, 131-132, 특히 115. 악트마이어는 마가가 기적을 믿음과 제자직과의 긍정적인 관계를 유지하려고 했던 것도 아니고, 기적에 기초한 제자직으로의 부름을 다룬 것도 아니며, 오히려 예수의 예루살렘에서의 수난을 위한 필요한 준비로서 불굴의 믿음이 목적이며, 육체적인 맹인은 제자들의 무능을 상징한 것이라고 했다. 존슨(Earl S. Johnson)은 이 본문이 제자직에 관한 것으로 제자들은 영적 소경이고, 바디매오는 참제자의 원형이며, 눈을 뜬 바디매오는 십자가의 길 위에서 예수를 따랐다고 한다. Earl S. Johnson, "Mark 10:46-52: Blind

그러나 악트마이어가 마가의 '선생' 언급이 제자직의 독특한 용어라고 했지만, 오히려 예수를 유일한 선생이라고 말한 곳은 마태의 특수자료에 나타난다(23:8). 또한, 마가복음과 다른 복음서를 비교해 보면 상황은 현격하게 달라진다. 예를 들어, 마가는 맹인의 이름을 '바디매오'라고 특정함으로써(10:46) 치유한 사실을 공개적으로 밝힌다. 이에 비해, 마태는 맹인 두 사람이라고만 하면서 구체적으로 이름을 밝히지 않는다(20:30). 누가도 한 맹인이라고 하면서 이름을 구체적으로 밝히지 않는다(18:35). 유일하게 마가만이 치유한 맹인을 익명으로 처리하지 않고 구체적으로 이름을 특정한다.100) 이것은 마가가 독자들에게 예수가 맹인을 실제로 치유했다는 것을 명확하게 보도하려는 의도가 있었기 때문이다. 마가는 마가복음서에서 병 고침의 대상에 마가공동체를 포함하고 있는 듯하다. 다시 말해, 마가공동체의 영성 그룹은 유대-로마의 전쟁 상황에서 과거에 역사적 예수가 기적같이 병을 고쳤듯이 지금 자신들도 전쟁의 상황에서 받은 외상(injury) 또는 신체적 트라우마(physical trauma)를 고쳐주기를 희망하고 있다고 추정할 수 있다. 다음 장에서는 예수의 자연 이적에 관하여 살펴보겠다.

Bartimaeus," *CBQ* 40 (1978): 198-204, 특히 201.

100) 존슨은 아람어 '디매오의 아들 바디매오'는 그리스어를 사용하는 독자를 위한 번역으로써 독자들은 이미 바디매오의 이름을 알고 있었으며, 신약의 치유 이야기에서 고유한 이름이 거의 발견되지 않기 때문에(막 5:22; 요 11; 눅 8:2) 일부 학자들은 이차적으로 추가된 것이라고 제안하지만, 그 이름은 순수한 역사적 기억으로 보이며, 이런 아람어 형태는 가장 초기 전승층으로 거슬러 올라갈 수 있다고 한다. Earl S. Johnson, "Mark 10:46-52: Blind Bartimaeus," 193.

3. 자연 이적

마가복음 4장 35-41절에서 마가의 예수는 큰 광풍이 일어날 때 바람을 꾸짖자 바람이 잔잔해진다(4:39). 그 후에 제자들에게 "어찌 믿음이 없느냐"(4:40)라고 했다. 이에 비해, 마태의 예수는 "믿음이 작은 자들아"하며 곧 일어나서 "바람과 바다를 꾸짖으시니 아주 잔잔하게 되거늘"(8:26)이라고 했다. 마태는 마가의 순서를 반대로 한다. 마태는 예수 이미지를 기적 수행가로부터 제자들을 교육하는 교사로 이전시킨다.[101] 이에 비해, 마가는 제자 교육에서 예수의 이미지를 기적 수행가로 강조점을 이동시킨다. 마가가 폭풍 진압을 먼저 소개하는 의도는 유대-로마 전쟁에서 로마의 폭풍이 잔잔케 되기를 바라는 희망이 담겨 있기 때문이다. 나아가 마가복음 5장 21-24절과 35-43절에서 예수는 회당장 야이로의 죽은 딸을 살린다. 마가는 소녀를 살리고 "소녀에게 먹을 것을 주라."(5:43)라고 했다. 이에 비해, 마태는 "그 소문이 그 온 땅에 퍼지니라."(9:26)라고 했다. 누가도 "이 일을 아무에게도 말하지 말라."(8:56)라고 했다. 마가만 소녀가 실제로 살아난 것을 증명하기 위해 먹을 것을 준다. 더 나아가 마가복음 6장 30-44절은 오병이어 기사이다. 오병이어 기사는 사복음서 모두 나오지만, 마가가 가장 길게 기록한다(막 6:30-44(열 다섯 절); 마 14:13-21(아홉 절); 눅 9:10-17(여덟 절); 요 6:1-14(열 네 절)). 전체 복음서 분량이 가장 적은 마가가 오병이어 기사를 가장 길게 기록하는 것은 이적 자체를 강조하려는 마가의 의도로 보인다. 특히, 마가의 '오병이어'(6:30-44) 기사는 마가복음 8장 1-10절에 나오는 '칠병이어' 기사와 함께 읽어야 한다. 마태는 마가를 빌려오면서 마가복음 8장 1절 부분 즉, "큰 무리가 있어 먹

---

101) 서중석, "마태공동체의 형태," 「기독교사상」 35 (1991): 152.

을 것이 없는지라."를 생략한다. 그러나 마가의 예수는 큰 무리가 먹을 것이 없는 것을 미리 인지하고 이적을 베풀 것을 미리 준비한다. 마가는 유대-로마 전쟁 때문에 양식의 부족에 대해 예수의 이적을 통해 양식을 공급받고 싶은 간절한 소망을 담고 있다고 추정할 수 있다. 그래서인지 맥카이(David Mackay)는 마가의 오병이어 기사에서 오천 명을 먹이신 급식 이적은 이적 이상의 의미가 있다고 한다. 즉, 급식 이적은 믿음의 양식이며, 믿음의 공동체가 매일의 삶 속에서 고투하며, 전투하는 것을 강력하게 격려하는 양식이라는 것이다.102) 마가는 유대-로마의 전쟁 상황에서 두 번의 급식 이적을 통해 육적이고, 영적인 두 가지 양식을 동시에 확보해야 하는 힘겨운 정황을 드러내 보여준다. 한편, 마가복음 6장 45-52절에서 마가의 예수는 바람이 불 때 물 위로 걸어서 제자들에게 온다. 이때 "배에 올라 그들에게 가시니 바람이 그치는지라."(6:51)라고 했다. 마태의 예수는 "안심하라 나니 두려워하지 말라."(14:27)라고 했지만, 곧바로 바람이 그치지는 않는다. 나중에 베드로와 함께 배에 오를 때 비로소 바람이 그친다(14:32). 요한의 예수도 "내니 두려워하지 말라"(6:20)라고 하지만 바람이 그쳤다는 내용은 없다(6:16-21). 마가는 예수가 바람이 불 때 물 위를 걸어서 곧바로 배에 오르자 바람이 그쳤다고 기록함으로 예수의 출현으로 바람이 그쳤다는 것을 부각한다(6:51). 키는 마가가 예수에게 무한한 우주적 능력(cosmic powers)이 있다고 생각하는 이 두 기사, 즉 군중을 먹이신 기사와 물 위를 걸으신 기사를 함께 다룬 것은 마가공동체 가운데 예수의 영적인 현존이 계속되고 있다는 공동체의 믿음을 묘사하는 전달 수단이 되었기 때문에 보존되었다고 한다.103) 만약 키의 추정이 맞

---

102) David Mackay, "The Feedings in Mark: Miracle, or More Than Miracle?" *Colloquium* 29 (1997): 130.
103) H. C. Kee, *Understanding the New Testament*, 109. 한편, 오르틀룬드 (Dane Ortlund)는 막 6:45-52절은 구약의 배경(출 14; 출 33-34; 욥 9; 사 51:9-16; 단 11-12; 암 7-8)을 가진 종말론적 의미를 가지며, 이런 입장은 막센(Marxen)이나 켈버(Kelber)가 주장했던 성전의 파괴나 예수의 파루시

는다면, 마가공동체는 외부의 로마 핍박 상황에서 무한한 우주적 능력을 통하여 구원받기를 소원했기 때문에 이 두 기사를 소개했다고 할 수 있다. 또 한편, 마가복음 11장 20절에서 예수가 저주한 무화과나무가 "뿌리째 마른 것을 보고"라고 했다. 마태는 마가를 빌리지만 "무화과나무가 곧 마른 지라."(21:19)라고 했다. 마가는 "뿌리째" 말랐다고 표현함으로 마태보다 이적의 강도를 더 강화한다. 마가는 로마가 뿌리째 마르기를 희망했는지도 모른다. 이처럼 자연 이적에서도 유대-로마 전쟁의 상황에서 극적인 구원을 희망한 마가공동체 영성 그룹의 소망이 반영되어 있다고 추정할 수 있다.

요약하면, 마가복음서와 다른 복음서를 비교해 보면 마가복음서가 현저하게 축귀, 병 고침, 그리고 자연 이적을 강조하고 있는 것을 알 수 있다. 결국, 축귀, 병 고침, 그리고 자연 이적은 마가가 본 예수의 이적 영성의 핵심 내용이라고 할 수 있다. 특히, 마가공동체의 영성 그룹은 예수의 이적 영성을 통하여 자신들에게 닥친 유대-로마 전쟁의 핍박 상황에서 기적같이 구원받기를 희망했기 때문에 마가복음서에 나타난 이적은 예수에 관한 단순한 영웅적인 이야기가 아니라 마가공동체의 신앙과 영성의 표현이며, 생존이 달린 절박한 현실의 문제였다고 추정할 수 있다.

아와 연관된 종말론과는 다른 종말론을 말하는 것이라고 한다. Dane Ortlund, "The Old Testament Background and Eschatological Significance of Jesus Walking on the Sea (Mark 6:45-52)," *Neotestamentica* 46 (2012): 321-328, 특히 334.

IV. 결어

이상의 연구를 통해 다음과 같은 결론을 얻었다. 첫째, 마가복음서를 산출한 마가공동체에는 두 그룹이 공존하고 있었다고 추정해 볼 수 있다. 첫째 그룹은 '묵시적 소종파 그룹'이며, 둘째 그룹은 '이적을 선호한 영성 그룹'이다. 이 두 그룹은 유대-로마 전쟁으로 말미암은 핍박 상황에서 '묵시적 소종파 그룹'은 묵시적 메시지로, '영성 그룹'은 이적을 통하여 핍박 상황을 극복하려고 했다. 지금까지 통상적으로 마가공동체의 구성원을 주로 묵시적 소종파 그룹으로 구성되었다는 입장을 견지해 왔지만 본 논문을 통하여 마가공동체에는 이적을 선호한 영성 그룹도 함께 공존하고 있었다는 점을 밝혔다. 왜냐하면, 마가복음서에는 내적 증거뿐만 아니라 다른 복음서와 비교해서도 현저하게 예수의 이적 전승을 많이 소개하고 있기 때문이다. 따라서 마가의 예수가 행한 축귀, 병 고침과 자연 이적은 예수의 이적 영성의 핵심 내용이라고 할 수 있다. 유대-로마 전쟁의 핍박 상황에서 마가공동체의 묵시적 소종파 그룹은 묵시적 세계관을 가지고 핍박 상황에 소극적으로 대처했다면, 마가공동체의 영성 그룹은 예수의 이적 영성을 통해 적극적으로 핍박 상황을 극복하기 위해 대처했다고 추정할 수 있다. 둘째, 본 논문은 기독교 영성의 원천인 복음서에 나타난 예수의 영성을 통하여 그동안 동방정교회와 로마 가톨릭교회가 주로 사용해 온 그리스 철학 전통에서 유래한 '관상'과 '활동'과 대비되는 성서적이며, 영성 신학적이고, 개신교적인 새로운 해석학적 도구를 부분적이나마 제시했다는 점에서 의미가 있다고 생각한다. 나아가 본 논문은 이적이 예수의 영성이라고 주장했기 때문에 지금까지 영성사에 나타난 이적가를 영성가로 재평가할 수 있는 영성 신학적 근거를 마련했다는 점에서 영성 신학의 해석학적 도구의 외연을 넓혔다고 생각한다. 다만 본 논문은 예수의 영성을 마가복음에서만 연구했다는 한계를 지니고 있으므로 앞으로 예수의 온전한 영성을 규명하기 위해서는 나머지 다른 복음서에 나타난 예수의 영성을 함께 연구해야 할 과제를 남겨두게 되었다. 본 논문이 앞으로 다른 복음서에 나타난 예수의 영성을 추출하는 실마리가 되기를 희망하며 다른 복음서에 나타난 예수의 영성에 관한 연구는 다음 과제로 남겨두겠다.

■ Abstract ■

Spirituality of Jesus' Miracle in the Gospel of Mark

This thesis reveals that the spirituality of Jesus in the Gospel of Mark is the miracles of Jesus. In this thesis, the researcher traced the spirituality of Jesus by considering the social and historical circumstances and the spiritual aspects of the Marcan community. This thesis is based on the Bible-based Gospel of Mark in contrast to the hermeneutical tools of 'contemplation' and 'activity' based on the Greek philosophical tradition used by the Eastern Orthodox Church or the Roman Catholic Church to define the spiritual life. The miracle-centered spirituality of Jesus is presented as a new hermeneutic tool. The researcher presumes that there were two groups in Marcan Community. That is, one group is an apocalyptic sectarian group, and the other group is a spiritual group that favors the miracles of Jesus. Until now, scholars have generally held the position that the Marcan community was composed mainly of apocalyptic sectarian group. However, this thesis argues that the spiritual group that favored the miracles of Jesus also coexisted in the Marcan community. It is presumed that these two groups tried to overcome the persecution with their preferred theological or spiritual ideology in order to overcome the persecution situation of the Judeo-Roman War that the Marcan community faced. In particular, it is believed that the spiritual group of the Marcan community hoped to be saved by reproducing the miracles of Jesus in their persecution situation through exorcism, healing, and natural miracles performed by Jesus. Therefore, exorcism, healing, and natural miracles inherited by the spiritual group of the Marcan community can be said to be the core contents of the miracle-centered spirituality of Jesus. The research method of this thesis uses a sociological interpretation of the Bible and a method of comparing Mark's Gospel with other Gospels. In essence, the significance of this thesis is that it reveals that miracles are the spirituality of Jesus, so it is possible to reevaluate the miracles in the history of spirituality as spiritualists with biblical basis, which could not be defined with the hermeneutic tools of 'contemplation' and 'activity' so far. Furthermore, it has partially presented new hermeneutic tools that are biblical, spiritual theological, and Protestant in contrast to the hermeneutical tools of contemplation and activity of the Greek tradition so far.

Key Words
Marcan Community, Miracle Spirituality, Exorcism, Healing, Natural Miracles

누가복음

제 3 장 누가복음에 나타난 기도의 영성

■ 초 록 ■

이 논문의 목적은 누가복음에 나타난 예수의 기도유형을 분석하는데 있다. 신약성경의 사복음서 중에 누가복음은 기도를 가장 강조한다. 누가복음은 다른 복음서보다 예수께서 기도에 대해 가르치신 것과 예수의 기도와 기도에 대해 더 많이 말하고 있다. 그러므로 누가복음에서 기도는 누가복음 전체의 핵심사건으로 자리한다. 누가복음의 예수의 마지막 말씀은 이 핵심사건의 절정을 이룬다. 그러므로 누가복음의 예수의 마지막 말씀은 누가공동체가 선호한 예수의 기도영성을 대표하는 구절이라고 할 수 있다. 누가공동체는 예수의 다양한 영성 중에 특별히 기도영성을 강조한다. 사복음서의 예수의 마지막 말씀들을 비교하면 이러한 입장이 보다 더 설득력을 얻는다. 마태복음의 예수의 마지막 말씀은 말씀을 강조한다. 마가복음의 예수의 마지막 말씀은 이적을 강조한다. 요한복음의 예수의 마지막 말씀은 목양을 강조한다. 이에 비해, 누가복음의 예수의 마지막 말씀은 기도를 강조한다. 이러한 복음서간의 차이점은 각 복음서 공동체가 자기들이 선호하는 예수의 영성을 각각 강조했기 때문이다. 그러므로 누가복음에 나타난 기도의 영성은 예수의 영성일 뿐만 아니라 누가공동체가 선호한 영성이라고 할 수 있다.

이 논문은 누가복음이 특별히 예수의 기도영성을 강조한다는 입장을 증명하려고 한다. 이러한 입장을 증명하기 위해 첫째로 신약성경 안에서 누가가 가장 많은 기도의 용어를 사용하고 있다는 것을 제시할 것이다. 둘째로 누가복음 안에서 기도의 위치를 설명할 것이다. 셋째는 누가복음의 기도 구절을 중심으로 다른 복음서와 비교하여 누가복음이 다른 복음서보다 기도를 더 많이 강조하고 있다는 것을 밝힐 것이다. 또한 누가복음에는 예수의 다양한 기도유형이 나타나고 있는 것도 밝힐 것이다. 다시 말하면, 누가복음에는 개인기도, 철야기도, 산기도, 관상기도, 항상 기도, 중보기도, 통성기도, 성령을 구하는 기도 등 다양한 형태의 기도가 나타난다. 이러한 다양한 형태의 기도는 누가공동체 구성원들의 다양한 기도욕구를 해소시키기 위한 누가의 목회적 돌봄과 영적 인도의 반영이라고 할 수 있다. 이러한 누가복음에 나타난 예수의 기도 유형은 기독교 영성사 속에서 여러 기독교 신앙 전통을 통하여 자신들이 선호하는 기도영성을 계승하고 발전시켰다고 볼 수 있다. 그러나 이 기도들은 어떤 것이 우위에 있는 것이 아니라 오히려 동등하며, 각 신앙 전통의 삶의 자리 속에서 자신들이 선호하는 예수의 기도유형을 계승하고 강조한 것이다. 그런 차원에서 누가복음에 나타난 예수의 기도유형을 분석하는 것은 목회적으로 그리고 영성적으로 기독교 신앙 전통 간의 기도를 통한 갈등의 요소를 해소하는 첫걸음이 될 것이다.

주제어
기도, 영성, 유형, 누가공동체, 다양성, 신앙 전통

I. 들어가는 말

기독교 영성사 속에서 기도라는 주제는 영성104)의 어떤 주제보다 중요한 위치를 차지한다. 이러한 기도 주제는 기독교 영성사 속에서 여러 신앙 전통들이 자신들이 선호하는 방식으로 각자 계승시켜 왔다. 그러나 각 신앙 전통이 계승한 기도의 유형이 성경의 기도를 바르게 계승했는지를 성경을 통하여 확인해야 한다. 영성학자 조던 오먼은 "모든 것을 성경에 비추어 이해하고 평가해야 한다. 어떠한 영성이라도 성경과 밀접하면 할수록 더욱더 확실한 것이다. 성경은 언제나 하나로 통합하는 요소이며, 궁극적 표준임을 뜻하고, 모든 다양성을 초월한다."105)고 말했다. 그러므로 조던 오먼이 말한 대로 모든 것을 성경에 비추어 평가할 때 다양한 신앙 전통들이 계승한 기도유형이 성경을 통해 수정 보완될 것이며, 자신들의 종교적 기득권에 의해 독점하는 것을 막고 성경이 말하는 다양한 기도유형의 가능성을 열어두어 기도유형으로 인한 갈등을 해소할 수 있을 것이다. 그런 차원에서 기독교 기도영성의 원형이라고 할 수 있는 예수의 기도유형을 살펴보는 것은 의미가 있다. 신약의 사복음서 중에 예수의 기도유형을 가장 선명하게 기록하고 있는 복음서는 누가복음이다. 그러므로 누가복음 안에 나타난 기도의 영성을 연구하는 것은 예수의 기도영성의 유형을 밝히는 데 중요한 출발점이 될 것이다. 이 논문의 목적은 누가복음에 나타난 예수의 기도가 누가공동체의 영

---

* 이 논문은 유은호. "누가복음에 나타난 기도의 영성," 「신학과 실천」 32 (2012), 571-606에 실린 논문임을 밝혀둔다.

104) 영성의 용어 정의와 발전과정을 참고하기 위해서는 유재경, "영성의 연구 경향과 전망," 「신학과 실천」 24(2010/9), 185-188을 참고하라.

105) 조던 오먼/ 이홍근 · 이영희 옮김, 『가톨릭 전통과 그리스도교 영성』 (왜관: 분도출판사, 1998), 14.

성형성에 결정적으로 기여했음을 밝히는 데 있다. 누가복음에 나타난 예수의 기도는 누가공동체가 선호한 영성의 특징을 규명하는 데 결정적인 역할을 하기 때문이다. 이것은 다른 복음서와의 비교를 통하여 보다 더 분명하게 드러난다. 각 복음서들의 차이점을 비교 연구하는 목적은 각각의 복음서의 독특한 메시지를 찾기 위해서이다.106) 그런 차원에서 사복음서의 예수의 마지막 말씀을 비교하는 것은 각 공동체가 선호한 영성을 추적하는데 첫 번째 실마리를 제공한다. 각 복음서의 예수의 마지막 말씀이 다른 것은 각 공동체가 각자 자신들의 삶의 자리에서 자신들이 선호한 예수의 영성을 계승한 영성적 자기 정체성의 신앙적 표현이기 때문이다. 그러나 각 복음서에 나오는 한 두 구절로서는 예수의 영성이라고 정의하기에는 충분하지 않다. 적어도 하나의 신앙적인 영성유형이 형성되려면 각 복음서 전반에 걸쳐 일관성 있게 그 영성 주제를 강조하고 있는지가 구절들을 통해 증명되어야 한다. 각 복음서의 영성을 찾기 위한 성서 신학적인 연구는 연구의 기준이 공평해야 하기 때문이다. 그런 차원에서 각 복음서의 예수의 마지막 말씀을 각 복음서의 영성을 찾는 기준점으로 삼는 것은 정당하다. 각 복음서의 예수의 마지막 말씀과 그 자체 복음서 안에서 가장 강조하는 영성의 내용이 일치하면 그 복음서가 강조하는 예수의 영성이라고 말할 수 있을 것이다.107) 그러나 각

---

106) 최갑종, "네 복음서의 기원, 수집, 적용 그리고 올바른 사용," 「목회와 신학」 146(2001), 107.
107) 사복음서의 예수의 마지막 말씀은 공통적으로 선교라는 맥락 속에 위치한다. 그러나 선교라는 맥락 속에 주어진 예수의 마지막 말씀을 영성적인 관점에서 분석하면 각 복음서의 강조점이 조금씩 다르다. 마태는 마태복음 28장 18-20절에 제자를 삼으라는 선교적 명령을 하면서 모든 민족을 제자 삼아 세례를 베풀고 가르쳐 지키게 하라고 한다. 물론 문자적으로 예수의 마지막 말씀은 20절의 '세상 끝날까지 너희와 항상 함께 있으리라'이지만 신앙유형을 형성시키는 영성적 관점에서 보면 20절의 '가르쳐 지키게 하라'는 말씀이 예수의 마지막 말씀이다. 그런 차원에서 마태의 예수의 마지막 말씀은 말씀영성을 강조한다. 마가복음의 예수의 마지막 말씀은 마가복음 16장 15-18절이다. 여기서도 선교의 맥락에서 말씀이 주어진다. 여기서도 마태와 같이 만민에게 복음을 전파하고 세례를 베풀라는 선교적 맥락 속에 위치한다. 그러나 신앙형성을 위한 영성적 관점에서

복음서의 영성을 다루는 것은 본 논문의 범위를 넘어선다. 이 논문에서는 누가복음에 나타난 예수의 영성을 연구하는 것으로 범위를 한정하도록 하겠다.

누가가 누가복음의 예수의 마지막 말씀으로 기록하고 있는 누가복음 24장 49절의 기도 강조는 누가복음 전체에 핵심사건으로 자리한다. 복음서에 나타난 핵심(kernels)이라고 불리는 사건들은 본질적으로 중요한 것으로서 그것들이 삭제되지 않아야 서사이야기의 논리가 파괴되지 않는다.[108] 그런 차원에서 누가복음에 나오는 기도는 누가복음 이야기의 핵심사건으로 자리 잡는다. 누가복음서에는 사건의 결정적인 단계들이 예수의 기도를 통해 도입되고, 기도라는 맥락 속에서 일어나기 때문이다. 또한 누가는 다른 복음서와의 비교 속에서도 기도를 특별히 강조한다.[109] 다른 복음서와의 기도구절 비교는 더 현격하게 누가공동체가 기

보면 마가복음 16장 17-18절의 이적이 강조된다. 그러므로 마가의 예수의 마지막 말씀은 이적영성을 강조한다. 누가복음의 예수의 마지막 말씀은 누가복음 24장 48-49절이다. 여기서도 공통적으로 선교적 맥락에서 말씀이 주어진다. 48절은 선교적 명령이다. 그러나 신앙유형을 위한 영성적 관점에서 보면 예수의 마지막 말씀은 49절의 '능력이 입혀질 때까지 이 성에 머물라'는 것이다. 여기에 '머물라'는 단어는 누가가 사도행전과 동일 저자라는 전제하에 사도행전 1장 4절에 '예루살렘을 떠나지 말고 아버지의 약속하신 것을 기다리라'는 말씀과 사도행전 1장 14절에 '저들이 오로지 기도에 힘쓴 것'을 연결해 볼 때 누가복음 24장 49절의 '머물라'는 말은 예루살렘성에 있는 다락방에서 기도하라는 용어와 동의어로 쓰였다고 할 수 있다. 이런 관점에서 누가의 예수의 마지막 말씀은 기도영성을 강조한다. 요한복음의 예수의 마지막 말씀은 문자적으로만 보면 요한복음 21장 22절의 '너는 나를 따르라'이다. 요한복음도 공통적으로 선교적 맥락에서 마지막 말씀이 주어진다. 그러나 신앙형성을 위한 영성적인 관점에서 보면 예수의 마지막 말씀은 요한복음 21장 15-19절이다. 요한의 예수는 양을 목양할 것을 부탁하신다. 따라서 요한의 예수의 마지막 말씀은 목양영성을 강조한다. 사복음서의 예수의 마지막 말씀의 차이점을 통해 각 복음서의 영성을 연구한 내용을 보다 더 자세히 보기 위해서는 유은호, 『예수영성의 다양성』(서울: 예수영성, 2010)을 참고하라. 특히 51-61, 111-128, 167-182, 231-237을 참고하라.

108) Mark. Allan Powell, *What is Narrative Criticism?* (Augsburg: Fortress, 1990), 36.

109) 누가복음이 기도를 9%(전체 1151절 중에 104절) 강조하는데 비해, 마태

도영성을 선호했다는 것을 설득력 있게 보여준다. 이러한 증거들은 누가 공동체가 특히 예수의 기도영성을 선호한 공동체였음을 증명해 주는 결정적인 단서를 제공한다. 이 논문은 누가공동체가 예수의 기도영성을 선호한 공동체였음을 밝히기 위해 II 장에서는 신약성서와 사복음서에 나타난 기도의 구조를 다루고, III 장에서는 누가복음에서의 기도의 위치를 다룰 것이며, IV 장에서는 사복음서 간의 기도비교와 본문 주석을 통하여 결론적으로 누가공동체가 예수의 기도영성을 선호하여 계승한 공동체였음을 밝힐 것이다. 동시에 예수의 기도는 다양한 기도유형을 함축하고 있으며, 그 다양한 기도유형은 기독교 영성사 속에서 자신들의 신앙 전통의 필요에 따라 선택하여 계승했다는 점도 간단하게 밝힐 것이다. 본 논문의 연구방법은 누가복음 안에 나타난 기도를 누가공동체가 공유한 영성이라는 영성 신학적 관점에서 분석할 것이며, 주로 자료비평 방법으로 누가복음에 나타난 기도구절을 다른 복음서와 비교하고, 주석함으로 누가공동체의 영성의 하나의 표현으로 기도를 다루도록 하겠다.

복음은 3.1%(전체 1071절 중에 34절), 마가복음은 1.6%(전체 678절 중에 11절), 요한복음은 2.9%(전체 879절 중에 26절)로 기도를 강조한다. 누가는 각 복음서 비율 평균 네 배 이상을 예수를 기도하시는 분으로 소개하고 있다.

II. 신약성서와 사복음서에 나타난 기도의 구조

이 장에서는 신약성서 전체 속에 나타나는 기도의 종류가 어떤 것들이며, 특히 사복음서 기자 중에 누가가 기도에 대한 용어를 가장 많이 사용하고 강조하고 있음을 간략하게 살펴봄으로 누가가 신약성서 전체 속에서 다른 성서 기자들에 비해 상대적으로 기도를 보다 더 강조하고 있다는 점을 부각하도록 하겠다. 신약성서에는 기도에 대한 용어가 전체적으로 14개 나타난다.[110] 누가는 신약에 기도를 가리키는 전체 14개 용어 중에 87회 사용으로 가장 많이 기도를 사용하고 있다.[111] 직접적인 기도의 의미로 가장 많이 사용된 경우는 '프로슈케'($\pi\rho\sigma\sigma\varepsilon\upsilon\chi\dot{\eta}$/proseuche, 기도)와 '데에시스'($\delta\dot{\varepsilon}\eta\sigma\iota\varsigma$/deesis, 간구)이다. 기도를 의미하는 명사형 '프로슈케'($\pi\rho\sigma\sigma\varepsilon\upsilon\chi\dot{\eta}$)는 신약에 총 37회 나온다. 복음서에는 마태 3

---

110) 기도에 대한 용어로 직접적으로 쓰이는 것은 proseuche/기도/37회, proseuchomai/기도하다/86회, deesis/간구/18회, deomai/간청하다/22회, euche/서원/3회, euchomai/간청하다/7회 등이다. 이밖에도 신약성서에서 '기도하다'는 의미와 동일하게 혹은 유사하게 자주 사용되는 동사들은 다음과 같은 것들이 있다. aiteo/간청하다/70회, boao/부르짖다/12회, erotao/묻다/63회, krazo/외치다/56회, gonypeteo/무릎 꿇고 청하다/4회, eulogeo/칭송하다/42회, eucharisteo/감사기도하다/38회, proskyneo/경배하다/60회 등이 사용된다. 성종현, "신약성서와 기도," in『신약성서의 중심 주제들』(서울: 장로회신학대학출판부, 1998), 150-155.

111) 누가복음에는 다음과 같이 기도가 87회 사용된다. proseuche/3회, proseuchomai/19회, deesis/3회, deomai/8회, aiteo/11회, boao/4회, erotao/15회, krazo/4회, eulogeo/13회, eucharisteo/4회, proskyneo/3회 등이다. 참고로 신약성서 전체에서 기도는 마태 73회, 마가 47회, 누가 87회, 요한 59회, 행 75회, 롬 16회, 고전 20회, 고후 8회, 갈 4회, 엡 10회, 빌 8회, 골 9회, 살전 9회, 살후 5회, 딤전 5회, 딤후 1회, 몬 3회, 히 11회, 약 15회, 벧전 5회, 요일 6회, 요이 1회, 요삼 1회, 계 24회 나타난다. 구체적인 용어의 쓰임을 보려면 성종현, "신약성서와 기도," 155 도표를 참고하라.

회, 마가 2회, 누가 3회, 요한에는 나타나지 않는다.112) 동사형 '프로슈오마이'(προσεύομαι)는 신약에 총 86(7)회로 가장 많이 나타난다.113) 이 중에 누가가 19회, 마태가 15회, 마가가 11회, 요한은 없다. 누가복음에는 다른 복음서와의 비교에서 뿐만 아니라 신약성서 전체 속에서도 기도가 제일 많이 나타난다.114) 두 번째 간구의 의미를 가진 명사형 '데에시스'(δέησις)는 신약성서 전체에 19회 나타난다. 사복음서에는 누가복음에만 3회 나타난다.115) 동사형 '데오마이'(δέομαι, 기도하다)는 신약성서 전체에서 22회 나타난다. 그중에 누가복음에 9회 나타난다. 사복음서 중에서는 유일하게 마태복음에만 1회 나타난다.116) 위의 이 네 용어가 사복음

---

112) 마태 3회(17:21; 21:13, 22), 마가 2회(9:29; 11:17), 누가 3회(6:12; 19:46; 22:45), 행 9회(1:14; 2:42; 3:1; 6:4; 10:4, 31; 12:5; 16:13, 16), 롬 3회(1:9; 12:12; 15:30), 고전 1회(7:5), 엡 2회(1:16; 6:18), 빌 1회(4:6), 골 2회(4:2, 12), 살전 1회(1:2), 딤전 2회 (2:1; 5:5), 몬 2회(1:4, 22), 약 1회(5:17), 벧전 2회(3:7; 4:7), 계 3회(5:8; 8:3, 4). J.B. Smith, Greek-English Concordance to the New Testament, (Pennsylva: Herald Press, 1955), 307.

113) 복음서를 제외한 나머지에는 행 16회(1:24; 6:6; 8:15; 9:11, 40; 10:9, 30; 11:5; 12:12; 13:3; 14:23; 16:25; 20:36; 21:5; 22:17; 28:8), [롬 1회(8:26)], 고전 8회(11:4, 5, 13; 14:13, 14, 14, 15, 15), 엡 1회(6:8), 빌 1회(1:9), 골 3회 (1:3, 9; 4:3), 살전 2회(5:17, 25), 살후 2회(1:11; 3:1), 딤전 1회(2:8), 히 1회 (13:18), 약 4회(5:13, 14, 17, 18), 유다 1회(1:20). J.B. Smith, Greek-English Concordance to the New Testament, 307.

114) 마태 15회(5:44; 6:5, 5, 6, 6, 7, 9; 14:23; 19:13; 23:14; 24:20; 26:36, 39, 41, 44), 마가 11회(1:35; 6:46; 11:24, 25; 12:40; 13:18, 33; 14:32, 35, 38, 39), 누가 19회(1:10; 3:21; 5:16; 6:12, 28; 9:18, 28, 29; 11:1, 1, 2; 18:1, 10, 11; 20:47; 22:40, 41, 44, 46. K. Aland, Vollstandige Konkordanz Zum Griechischen Neuen Testament, (New York: Walter De Gruyter Berlin, 1975), 1177.

115) 눅 1:13; 2:37; 5:33 신약의 다른 곳에서는 행 1회(1:14), 롬 1회(10:1), 고후 2회(1:11; 9:14), 엡 2회(6:18, 18), 빌 4회(1:4a, 4b, 19; 4:6), 딤전 2회(2:1; 5:5), 딤후 1회(1:3), 히 1회(5:7), 야 1회(5:16), 벧전 1회(3:12). J.B. Smith, Greek-English Concordance to the New Testament, 77.

116) 누가 9회(5:12; 8:28, 38; 9:38, 38; 9:40; 10:2; 21:36; 22:32), 마태 1회(9:38), 행 7회 (4:31; 8:22, 24, 34; 10:2; 21:39; 26:3), 롬 1회(1:10), 고후 3회(5:20; 8:4; 10:2), 갈 1회 (4:12), 살전 1회(3:10). K. Aland, Vollstandige Konkordanz Zum Griechischen Neuen Testament, 227.

서 안에서 사용되는 경우를 보더라도 누가복음은 33회로 기도에 대한 용어를 제일 많이 사용하고 있다.117) 데니스 함(Dennis Hamm)은 누가 복음은 다른 복음서에는 없는 유대인들의 타미드(Tamid) 제사에서 하는 기도를 소개한다고 말한다. 특히 예수께서 십자가상에서 기도하는 모습도 타미드(Tamid) 제사의 기도의 형식에 따라 기술한다고 보았다. 누가는 유대인들의 타미드(Tamid) 제사에서의 기도도 예수 안에서 완성되었다는 것을 보여주고 있다.118) 이것은 기도를 강조하는 누가와 누가공동체의 기도영성을 반영하는 증거이다.

해리스(Harris)119), 브린(O' Brien),120) 한규삼(Han, Kyu sam121), 사멜리(Samlley)122)등은 누가복음이 다른 복음서보다 예수께서 기도에 대

---

117) 마태는 20회, 마가는 12회, 요한은 없다.

118) Dennis Hamm은 사가랴가 드리는 제사는 Mishna에 나오는 Tamid제사라고 주장한다. 그러면서 사가랴의 제사 시간을 제 구시 기도하는 시간에 일어난 사건이라고 말한다. 제 구시 기도시간에 기도한 경우는 행 3:1절과 행 10:3, 30절에 나타난다. 행 10장의 고넬료의 경우는 개인 집에서 일어났지만 하나님께 기억하심바 되었다는 표현으로 보아 성소의 Tamid 제사에 나오는 용어의 효능을 가지고 있다고 주장한다. 누가복음 18장 9-14절의 바리새인과 세리의 기도 모습도 Tamid 제사 때의 기도의 모습이라고 주장한다. S. J, Dennis Hamm, "The Tamid Service in Luke-Acts: The cultic Background behind Luke's theology of worship (Luke 1:5-25; 18:9-14; 24:50-53; Acts 3:1; 10:3, 30)," *CBQ* 65(2003), 220-227.

119) Lindell O. Harris, "Prayer in the Gospel of Luke," *SJT* 10(1967/Fall), 59, 69. 해리스는 예수께서 세례를 받으실 때부터 십자가상에서 죽으실 때까지 기도로 시작해서 기도로 끝났다고 주장한다.

120) P. T. O' Brien, "Prayer in Luke-Acts," *TB* 24(1973), 111. 브린도 많은 주석가들이 누가복음이 다른 공관복음서보다도 기도의 주제를 많이 언급하고 있다는 점을 강조한다. William Ott는 누가를 '기도의 신학자'로 보고 있다고 말했다.

121) Kyu sam Han, "Theology of Prayer in the Gospel of Luke," *JETS* 43/4(2000/December), 675, 679, 686, 692. 한규삼도 누가복음 안에 기도의 자료들은 풍부하며 독특하다고 보았다. 또한 누가는 기도를 예수의 구원역사의 맥락에서 사용하고 있다고 보았다. 구원역사는 누가의 기도 구절을 연결하는 원리라고 보았다. 또한 한규삼은 누가의 기도구절들이 십자가와 제자도와 긴밀하게 연관되어 있다고 보았다.

해 더 많이 말하고 있다고 말한다. 마가복음에도 기도에 대한 언급은 많으나(막 1:35; 6:41, 46; 7:34; 8:6-7; 14:22-23, 32-39; 15:34) 마가의 관심은 예수의 교훈이나 설교보다 행동을 강조하고 있다. 마태의 경우도 기도에 대한 관심을 많이 보이나 Q자료[123]나 마가에서 온 자료 이외에 자신의 특수 자료에서 기도에 대한 관심을 보이고 있지 않다. 요한복음에도 기도가 많이 나타나지 않는다. 다만 요한복음 17장에 예수의 대제사장 기도가 대표적인 기도이다. 반면에 누가는 공관복음서 기자들 가운데 기도에 관한 말씀과 이야기를 가장 많이 기록하고 있다. 예수 친히 기도했다고 기록한다(3:21; 5:16; 6:12; 9:18, 28-29; 10:21; 11:1; 22:32, 41-45; 23:34, 46). 한규삼은 예수께서 교훈적인 관심을 가지고 제자들에게 다섯 번의 기도를 가르쳤다고 보았다(10:2, 21-24; 11:1-4; 11:5-13; 18:1-8; 21:36).[124] 이처럼 누가는 신약성서 안에서 뿐만 아니라 사복음서 안에서도 현저하게 기도를 강조하고 있다. 이것은 누가공동체가 예수의 영성 가운데 기도의 영성을 가장 선호한 영성으로 받아드렸다는 증거로 볼 수 있다.

다음 장에서는 구체적으로 누가복음에서의 기도의 위치와 기능에 대하여 살펴보도록 하겠다.

---

122) Stephen S. Samlley, "Spirit, Kingdom and Prayer in Luke-Acts," *NT* 15(1973), 66. 사멜리는 누가복음 안에 기도는 성령과 하나님의 나라와 깊이 연관되어 있다고 보았다.
123) Q란 독일어 Logien-Quelle(말씀 자료)의 약자로서 마태복음서와 누가복음서에서 마가복음서를 제외하고 서로 공통된 부분에 붙인 이름이다. 이 본문들은 주로 예수 말씀(Logion)들로 이루어졌기 때문에 <예수어록>이라 불린다. 성종현, "예수어록(Q-자료) 연구동향,"「교회와 신학」 24(1992), 150). Q 신학을 더 자세히 보기 위해서는 소기천,『예수말씀의 전승궤도』(서울: 대한기독교서회, 2000)를 참고하라.
124) Kyu sam Han, "Theology of Prayer in the Gospel of Luke," 687-691.

Ⅲ. 누가복음에서의 기도의 위치와 기능

이 장에서는 누가복음 전체 속에서의 누가의 기도의 위치와 기능에 대하여 살펴보도록 하겠다. 누가복음에서 사건의 결정적인 단계들은 예수의 기도의 맥락 속에서 일어난다(3:21; 6:12; 9:18, 28-29; 11:1; 22:41).125) 누가복음에서 예수는 그의 공생애를 요단강에서 세례를 받고 기도함으로써 시작했고(3:21-22), 십자가 위에서 마지막으로 기도함으로써 끝을 맺고 있다(23:34). 누가는 예수의 예루살렘으로의 여행기사의 앞부분인 누가복음 11장 1-13절에서도 기도에 관한 이야기들을 소개한다. 누가는 기도를 주제로 한 여러 교훈들을 나름대로 수집하여 두 묶음으로 결합해서 두 곳에 나누어서 소개하고 있다. 하나는 여행기사의 앞부분(11:1-14)에서, 그리고 다른 하나는 여행 기사의 뒷부분(18:1-14)에서 소개하고 있다. 누가는 예수의 예루살렘 여행의 시작 부분과 마지막 부분에서 각각 기도에 관한 교훈을 소개함으로써 기도를 강조하고 있다. 누가공동체는 예수의 예루살렘을 향한 전도여행에서 기도로 시작하여 기도로 마치는 모습을 통하여 누가공동체의 선교사역도 기도로 시작해서 기도로 마치는 것을 강조하려는 목적을 드러냈다.

누가복음은 다른 복음서보다도 더 많이 기도하시는 예수의 모습을 보여 주고 있다. 누가복음은 9회, 마가복음 5회, 마태복음 3회, 요한복음 2회 나타난다. 또한 누가의 예수는 다른 복음서에 나오지 않는 기도에 대한 세 개의 비유를 소개한다(11:5-8; 18:1-8, 9-14). 누가의 예수는 자주 그의 제자들에게 기도할 것을 격려하시는 분으로 나타난다(18:1; 21:36; 22:40). 누가는 예수께서 기도하시기 위해 무리를 떠나는 분으로 설명하

---

125) John Norland, *Word Biblical Commentary Luke 1:1-9:20* (Dallas, Texas: Word Books, Publisher, 1989), 160.

고 있으며(5:16), 밤이 맞도록 기도하시고(6:12), 기도의 행동을 "그의 습관"으로 묘사하기도 한다(22:39).126) 또한 예수가 세례를 받으실 때(3:21)와 변모하실 때(9:28) 기도하시는 분으로 그리고 있다. 그리고 누가의 예수는 열 두 제자를 선택하시기 전에(6:12), 베드로의 신앙고백을 이끌어 내기 전에(9:18), 십자가 위에서(23:34, 46) 기도하신다. 이 모든 언급은 누가복음에만 있는 고유한 것들이다.127) 또한 누가는 예수께서 직접 기도하신 장면을 중심으로 복음서를 기록하고 있다. 3장에 세례 받으신 후 기도(3:21), 4장에 광야에서의 금식기도(4:1-2), 5장에 문둥병자를 고치신 후 기도(5:16), 6장에 제자를 부르실 때 기도(6:12), 9장에 기도하시고 베드로의 신앙 고백받음(9:18), 10장에 예수의 감사기도(10:21), 11장에 제자들에게 기도를 가르치시기 전에 기도하심(11:1), 22장에 베드로를 위한 중보기도(22:32), 겟세마네에서의 기도(22:39-41), 23장에 십자가위에서 기도(23:34)하신 것을 통해 누가는 제자들이나 다른 사람들의 기도보다는 예수의 기도에 많은 관심을 보이고 있다.128) 이처럼 누가는 누가복음 3장, 4장, 5장, 6장, 9장, 10장, 11장, 22장, 23장에서 기도하시는 예수를 중심으로 복음서를 쓰고 있다. 이것은 누가와 누가공동체가 예수의 기도영성을 자신들이 선호하는 영성으로 받아들였다는 것을 증거해 주는 것이다.

다음 장에서는 사복음서와 누가복음에 나타난 기도 단락들을 비교하여 누가복음에 나타난 기도의 특징들을 보다 더 선명하게 조명해 보고 그 결과로 예수의 다양한 기도유형이 나타나고, 그 기도유형은 기독교 영성사 속에서 계승되었음을 간단하게 살펴보도록 하겠다.

---

126) Mark Allan Powell, *What are they saying about Luke?* (Mahwah: Paulist Press, 1989), 114-115.

127) *Ibid.,* 115.

128) 예수가 친히 기도했다는 언급이 사복음서에서 모두 14회 나온다. 공관복음서 모두에 기록된 것이 2회, 마태와 마가에 각각 1회, 마가에만 나오는 것이 2회, 요한에는 2회 나오는데 비해 누가복음에는 11회 나온다(3:21; 5:16; 6:12; 9:18, 28-29; 10:21; 11:1; 22:32. 41-45; 23:34, 46).

IV. 사복음서의 기도구절 비교129)와 다양한 기도유형의 계승

이 장에서는 누가복음을 중심으로 기도에 대한 중요 단락들을 사복
음서와의 비교 속에서 살펴보도록 하겠다. 기도 본문이 들어있는 내용에
대한 세밀한 주석이 아니라 누가복음에 있는 구절과 차이를 보이는 부
분만을 집중적으로 다루도록 하겠다. 누가복음의 기도 부분과 비교할 수
있는 다른 복음서 구절은 크게 17개로 구분할 수 있다. 그중에 특히 누
가가 언급한 기도 부분을 중심으로 본문을 주석하면 누가공동체가 예수
의 다양한 기도영성을 계승하고 있다는 것을 알 수 있다. 그리고 그 다
양한 기도영성은 기독교 영성사의 영성가들을 통하여 계승되었다.

---

129) 여기의 대조구절은 Kurt. Aland, Synopisis Quattuor Evangeliorum, (Stuttgart: Wurt tembergische Bibe lanstalt, 1978)을 주로 참고했으며, 성종현 엮음,『공관복음서 대조연구-요한복음서 포함-』(서울: 장로회신학대학출판부, 1992)과 정양모 · 배은주 · 김윤주 엮음, 『네 복음서 대조』. (왜관: 분도출판사. 1993)를 참고했다. 다른 번역과의 비교를 위한 참고로는 유은호 편저,『8개 비교 신약성경 1-5권』(서울: 등불, 1988)을 참고했다. 헬라어 성경은 Nestel-Aland, Novum Testamentum Graece. 27. revidierte auflage. (Stuttgart: Deu tsche Bibelgesellschaft, 1993)을 참고했으며, 한글성경은 개역개정 4판을 사용했다.

1. 세례를 받으시다[130](마 3:13-17; 막 1:9-11; 눅 3:21-22; 요 1:29-34)[131]

마태복음 3:16 "예수께서 세례를 받으시고 곧 물에서 올라오실새 하늘
이 열리고 하나님의 성령이 비둘기 같이 내려"
마가복음 1:10 "곧 물에서 올라오실새 하늘이 갈라짐과 성령이 비둘기
같이 자기에게 내려오심을 보시더니"
누가복음 3:21 "백성이 다 세례를 받을 새 예수도 세례를 받으시고 기
도하실 때에(προσευχομενου) 하늘이 열리며"
요한복음 1:32 "요한이 또 증언하여 이르되 내가 보매 성령이 비둘기
같이 하늘로부터 내려와서 그의 위에 머물렀더라"

해리스(Harris)는 이 장면이 누가복음에 나오는 예수의 많은 기도 중
에 첫 번째 언급이라고 했다.[132] 누가만이 예수께서 기도하실 때에 하늘
이 열렸다고 기록한다. 누가는 예수께서 세례를 받은 신 후 기도하시는
동안에 일어난 것에 대해 관심한다.[133] 누가는 마가의 "물에서 올라오실
새"를 기도하시는 예수에게로 초점을 바꾸어 놓는다.[134] 누가의 경우 기
도는 성령 받는 수단이 된다(행 4:31; 8:15-17 참조). 한규삼도 누가의 예
수의 세례 기사는 성령과 밀접한 연관이 있다고 보았다.[135] 누가공동체

---

130) 다른 구절과 비교되는 부분의 제목들은 개역개정 4판의 누가복음에 붙
여진 제목을 주로 따랐다.
131) 여기의 누가복음과 대조되는 성경구절은 Kurt Aland, *Synopisis Quattuor
Evangeliorum,* 를 참고했다.
132) Lindell O. Harris, "Prayer in the Gospel of Luke.", 60.
133) I. Howard Marshall, *The Gospel of Luke* (Michigan: The Paternoster Press,
1978), 153.
134) John Nolland, *Word Biblical Commentary Luke 1:1-9:20,* 160.

는 세례를 받을 때 기도하는 것이 하나의 관례로 작용했을 것이다. 또한 누가는 세례기사를 통해 기도와 성령을 밀접하게 연관시키고 있다. 누가 공동체는 처음(3:21-22)과 마지막(24:49)에 기도와 성령을 연관시키므로 기도를 통해 성령을 받는 것을 세례 기사에서부터 강조하고 있다. 성령 과 기도를 연관시키는 누가공동체의 기도영성의 특징을 보여준다.

2. 나병 들린 사람을 깨끗하게 하시다(마 8:1-4; 막 1:40-45; 눅 5:12-16)

마태복음 8:4 "예수께서 이르시되 삼가 아무에게도 이르지 말고 다만 가서 제사장에게 네 몸을 보이고 모세가 명한 예물을 드 려 그들에게 입증하라 하시니라"

마가복음 1:45 "그러나 그 사람이 나가서 이 일을 많이 전파하여 널리 퍼지게 하니 그러므로 예수께서 다시는 드러나게 동네에 들어가지 못하시고 오직 바깥 한적한 곳에 계셨으나 사방 에서 사람들이 그에게로 나아오더라"

누가복음 5:16 "예수는 물러가사 한적한 곳에서 기도하시니라(προσευ χομενος)"

마가복음에는 예수가 나병환자를 고치신후에 군중을 피하여 단순히 떠난 것으로 암시하지만 누가복음에는 예수의 목적이 기도하시기 위해 한적한 곳을 찾는 적극적인 면이 보인다.[136) 누가는 누가복음 4장 42절

---

135) Kyu sam Han, "Theology of Prayer in the Gospel of Luke," 680.

에서 생략한 기도 모티프를 이 시점에서 다시 소개하고 있다.137) 누가공
동체는 한적한 곳에서 기도하는 개인기도의 중요성을 강조한 공동체였
을 것이다. 기독교 영성사 속에서 동방정교회의 수도사들은 기도의 준비
단계로 마음의 고요한 상태를 위해 필로칼리아에 나오는 무정념
(apatheia)의 상태를 추구했다.138) 동방의 수도사들은 마음의 기도를 위
해 잡념을 극복하고 무정념의 상태로 들어가기 위해 사막으로 나가 기
도했다. 이러한 수도사들의 모습은 예수께서 한적한 곳을 찾아 기도하신
모델을 계승한 것이라고 볼 수 있다. 동방의 수도사 중에 한적한 곳에
가서 개인기도를 한 대표적인 사람은 수도사의 아버지로 불리는 대 안
토니이다. 그는 애굽의 한적한 사막으로 들어가 20년간 개인기도 생활을
했다.139) 영성학자 앤드류 라우스(Andrew Louth)는 아타나시우스가 반
오리게네스적인 동시에 반신비주의자로 관상을 통하여 거룩하게 된다는
신비주의를 의심했기 때문에 『안토니의 생애』에서 관상에 대한 언급
을 하지 않았다고 보았다.140) 그런 차원에서 안토니의 기도는 관상기도
와 구별되는 예수의 개인기도의 전승을 계승하였다.141)

---

136) I. Howard Marshall, *The Gospel of Luke*, 210.
137) John Nolland, *Word Biblical Commentary Luke 1:1-9:20*, 228.
138) 김수천, "동방정교회 영성의 고전 『필로칼리아-The Philokalia』에 나
    타난 무정념(apatheia)에 이르는 길," 「신학과 실천」 16(2008/9), 254.
139) 사막 한적한 곳으로 나가 기도한 안토니의 개인기도 모습을 더 자세히
    알기 위해서는 Athanasius, *The Life of Saint Antony* (Maryland: The
    Newman Press, 1950)를 참고하라.
140) Andrew Louth, *The Origins of the Christian Mystical Tradition* (New
    York: Oxford university Press, 2007), 76.
141) 안토니의 기도유형은 친오리게네스주의자 폰투스의 에바그리우스가 추
    구한 관상기도와 신비주의와는 대조를 이룬다.

3. 열두 제자를 사도로 택하시다(마 10:1-4; 막 3:13-19; 눅 6:12-16)

마태복음 10:2 "열 두 사도의 이름은 이러하니 베드로라 하는 시몬을
　　　　비롯하여 그의 형제 안드레와 세베대의 아들 야고보"
마가복음 3:13 "또 산에 오르사 자기가 원하는 자들을 부르시니 나아
　　　　온지라"
누가복음 6:12-13 "이 때에 예수께서 기도하시러($\pi\rho o\sigma\epsilon\acute{u}\xi\alpha\sigma\Theta\alpha\iota$) 산으
　　　　로 가사 밤이 새도록 하나님께 기도하시고($\pi\rho o\sigma\epsilon\upsilon\chi\acute{\eta}$)
　　　　밝으매 그 제자들을 부르사"

누가복음의 예수만이 제자를 선택하기 위해 기도하시러 산에 가시고, 밤이 새도록 기도하시고 제자를 선택하신다. 특히 밤이 새도록 기도하신 것은 기도의 엄숙함을 강조한 것이다.[142] 다른 곳에서는 예수께서 이렇게 지속적으로 긴 시간 동안 기도하시는 모습이 나오지 않는다.[143] 누가 공동체는 지도자를 선택하는 것을 가장 중요한 사건으로 생각하고 지도자를 새울 때는 밤을 새우며 철야기도를 통해 지도자를 세웠을 것이다. 한국교회가 교회의 영적 지도자를 선택할 때 개인 신상의 자료를 참고할 뿐만 아니라 특히 밤을 새우며 기도하는 예수의 철야기도의 방법을 사용할 필요가 있다.

---

142) I. Howard Marshall, *The Gospel of Luke*, 238.
143) John Nolland, *Word Biblical Commentary Luke 1:1-9:20*, 269.

4. 원수를 사랑하라(마 5:43-48; 눅 6:27-28, 32-36)

마태복음 5:44 "나는 너희에게 이르노니 너희 원수를 사랑하며 너희를
박해하는 자를 위하여 기도하라(προσεύχεσθε)"
누가복음 6:28 "너희를 저주하는 자를 위하여 축복하며 너희를 모욕하
는 자를 위하여 기도하라(προσεύχεσθε)"

    마태 5:44c와 누가 6:28b는 예수어록 Q 6:27-28로부터 왔다.144) 누가
는 기도를 강조할 목적으로 예수어록 Q 6:27-28에 나오는 '[[그리고]] 너
를 [[비방]]하는 자를 위하여 기도하라'는 기도를 빠뜨리지 않았다.145)
여기의 기도하라는 것은 원수를 사랑하라는 요구를 강화시키는 역할을
한다.146) 누가는 누가복음서를 믿음을 부인하도록 박해하는 상황 속에
있는 그리스도인들에게 쓰고 있다.147) 그러므로 누가공동체는 예수의
기도를 따라 모욕하는 자, 박해하는 원수까지 기도해 주는 것을 최고의
사랑을 실천하는 기도로 보았을 것이다.

---

144) James McConkey Robinson, ed. *The Critical Edition of Q* (Minneapolis:
Fortress Press, 2000), 56-57; Siegfried. Schulz, *Q : Die Spruchquelle der
evangelisten* (Zurich: Theologischer Verlag, 1972), 128.
145) 예수 말씀 복음서 Q의 한국어 번역을 보기 위해서는 소기천, "예수말씀
복음서 Q,"「성경원문연구」 8(1999), 130-167을 참고하라.
146) John Nolland, *Word Bibkical Commentary Luke 1:1-9:20*, 294.
147) P. T. O' Brien, "Prayer in Luke-Acts," 117.

5. 베드로의 고백(마 16:13-20; 막 8:27-30; 눅 9:18-21; 요 6:67-71)

마태복음 16:13 "예수께서 빌립보 가이사랴 지방에 이르러 제자들에게
　　　　　　　물어 이르시되 사람들이 인자를 누구라 하느냐"
마가복음 8:27 "예수와 제자들이 빌립보 가이사랴 여러 마을로 나가
　　　　　　　실 새 길에서 제자들에게 물어 이르시되 사람들이 나를
　　　　　　　누구라고 하느냐"
누가복음 9:18 "예수께서 따로 기도하실 때에(προσευχόμενον) 제자
　　　　　　　들이 주와 함께 있더니 물어 이르시되 무리가 나를 누구
　　　　　　　라고 하느냐"
요한복음 6:69 "우리가 주는 하나님의 거룩하신 자이신 줄 믿고 알았
　　　　　　　사옵나이다"

　누가복음만이 예수께서 따로 기도하실 때에 제자들에게 물으신다. 누
가는 예수께서 누가복음 11장 1절에서 제자들 중에서 기도를 하셨던 것
처럼 여기서 하는 기도도 확실히 앞으로 오게 될 중대한 계시 이전에 있
을 신적인 인도를 구하고 있다.[148] 물론 누가의 '기도하실 때에(προσευχ
όμενον)'가 D, a, c, e, syc 사본에는 빠져 있다.[149] 그러나 비록 누가복
음의 일등급 대문자 사본인 D 사본에 빠져 있지만 보다 더 권위가 있는
누가복음의 일등급 파피루스 사본인 P3사본에 이 단어가 있기 때문에
그 권위를 확보하고 있다고 할 수 있다. 그 외에 고대역본이나 시리아역
에 빠져 있기는 하지만 본문에는 큰 영향을 주지는 못한다.[150] 누가공동

---

148) I. Howard Marshall, *The Gospel of Luke*, 366.
149) Aland Nestel, *Novum Testamentum Graece*, 186.
150) 네스틀레. 알란트,『그리스어 신약성서 한국어 서문판』(서울: 대한성서공회,

체는 예수를 메시아로 인식하기 위한 선행 조건으로 기도가 선행되어야
한다는 것을 가르쳤을 것이다.

6. 영광스러운 모습으로 변화되시다(마 17:1-9; 막 9:2-10; 눅 9:28-36)

마태복음 17:1 "엿새 후에 예수께서 베드로와 야고보와 그 형제 요한
을 데리시고 따로 높은 산에 올라가셨더니"
마가복음 9:2 "엿새 후에 예수께서 베드로와 야고보와 요한을 데리시
고 따로 높은 산에 올라가셨더니 그들 앞에서 변형되사"
누가복음 9:28-29 "이 말씀을 하신 후 팔 일쯤 되어 예수께서 베드로
와 요한과 야고보를 데리고 기도하시러(προσεύξασθαι)
산에 올라가사 기도하실 때에(προσεύχεσθαι) 용모가
변화되고 그 옷이 희어져 광채가 나더라"

누가는 마가의 전승을 따르지만 마가와는 달리 예수께서 산에 오르신
목적이 기도하시기 위해서이며, 기도하실 때 용모가 변화되었다고 기록
한다. 누가는 예수께서 산에 오르신 것을 모세가 시내산에서 하나님을
만난 것과 연관시키고 있다(출 24:33-34).151) 마태와 마가는 예수께서
산에 오르신 목적이 기도와 연관되어 있지 않다. 그러나 누가만이 다른
복음서에 없는 "기도하시러"를 첨가한다. 예수는 기도하는 중에 하나님

2010), 29.
151) John Nolland, *Word Biblical Commentary Luke 9:21-18:34* (Dallas,
Texas: Wo rd Books, Publisher, 1993), 497-498.

의 임재에 사로잡히게 되고, 그 결과 제자들은 신적 영역 안에서 변모된 예수를 볼 수 있었다.152) 누가는 "기도"가 예수의 모습이 변화하게 된 주요 요인이었음을 말하고 있다. 즉 예수의 얼굴이 변화되어 광채가 나게 된 것은 다른 복음서에서와 같이 예수께서 높은 산에 올랐기 때문이 아니라, 예수께서 "기도하셨기" 때문이다.153) 누가공동체는 기도를 통해 하나님과의 일치를 이루는 임재를 경험하고, 기도를 통한 변모의 가능성을 열어 두었을 것이다. 그러므로 기도와 연관된 변모의 사건은 훗날 동방과 서방교회가 선호하는 관상기도154)의 결정적인 모델로 작용한다. 기독교 영성사 속에서 관상기도의 대표적인 모델을 계승한 사람은 서방교회의 개혁 깔멜 수녀회의 아빌라의 데레사의 관상기도의 방법을 들 수 있다. 데레사는 변화산에서 기도를 통해 변모하신 예수를 모델로 삼는 대표적인 관상기도를 계승하였다.155)

---

152) I. Howard Marshall, *The Gospel of Luke*, 383.

153) 김득중, 『성서주석 누가복음 I』 (서울: 대한기독교서회. 1993), 487.

154) 관상기도에 대한 보다 더 자세한 내용을 보기 위해서는 권명수, "관상기도의 의식의 흐름과 치유,"「신학과 실천」 16(2008/9), 217-250을 참고하라.

155) 아빌라의 데레사는 기도를 아홉 단계로 구분하는데 마지막 아홉 번째 단계는 변형일치의 기도(prayer of transforming union)의 단계로 영적인 결혼의 단계이다. 이 상태는 곧 하나님으로의 변형이다. 영혼은 은총을 통해 성삼위께서 거처하시는 이른바 영혼의 성중 왕실로 들어간다. 물론 영혼이 변형되더라도 본질상 하나님과는 전혀 다르다(조던 오먼, 『영성신학』 (왜관: 분도출판사, 1991), 366-393을 참고하라. 아빌라의 데레사의 관상기도를 더 자세히 보기를 원하면 그녀의 대표적인 저서 예수의 데레사/ 최민순 옮김, 『영혼의 성』 (서울: 바오로 딸, 2009)을 참고하라.

7. 예수의 감사기도(마 11:25; 눅 10:21)

마태복음 11:25 "그 때에 예수께서 대답하여 이르시되 천지의 주재이
신 아버지여 이것을 지혜롭고 슬기 있는 자들에게는 숨
기시고 어린아이들에게는 나타내심을 감사하나이다."
누가복음 10:21 "그 때에 예수께서 성령으로 기뻐하시며 이르시되 천
지의 주재이신 아버지여 이것을 지혜롭고 슬기 있는 자
들에게는 숨기시고 어린 아이들에게는 나타내심을 감사
하나이다 옳소이다 이렇게 된 것이 아버지의 뜻이니이
다."

마태복음 11장 25절과 누가복음 10장 21절은 Q 10:26으로부터 왔
다.[156] 누가는 Q를 충실히 따르면서 성령으로 기뻐하시며 기도하셨다고
언급한다. 여기서도 누가는 성령과 기도를 긴밀히 연결시킨다. 마태는 Q
의 기도 부분을 인용하기는 하지만 누가보다는 단어의 수가 줄어들고
있다. 누가공동체는 구성원들에게 성령으로 기도하는 것을 이상적인 기
도의 모델로 제시했을 것이다.

---

156) James McConkey Robinson, ed. The Critical Edition of Q, 190-191.

8. 기도를 가르치시다(마 6:9-13; 눅 11:1-4)

마태복음 6:9 "그러므로 너희는 이렇게 <u>기도하라(προσεύχησθε)</u> 하늘
에 계신 우리 아버지여 이름이 거룩히 여김을 받으시오며"
누가복음 11:1-2 "예수께서 한 곳에서 <u>기도하시고(προσευχόμενον)</u> 마
치시매 제자 중에 하나가 여짜오되 주여 요한이 자기 제
자들에게 <u>기도를(προσεύχεσθαι)</u> 가르친 것과 같이 우리
에게도 가르쳐 주옵소서 예수께서 이르시되 너희는 <u>기
도할 때에(προσεύχησθε)</u>"

마태복음 6장 9절과 누가복음 11장 1-2절은 Q 11:1-2a, 2b로부터 왔
다.157) 누가는 Q를 충실히 따르면서도 누가의 특수자료 11:1a에서 예수
께서 한 곳에서 기도를 하고 계실 때 제자 중에 하나가 기도를 가르쳐
달라고 해서 기도를 가르쳐 주시는 것으로 기록한다. 마태가 기도를 한
번 언급한 것에 비해 누가는 세 번이나 언급하고 있다. 누가는 마태와는
달리 예수께서 기도를 가르쳐주기 전에 기도를 하신 것을 강조한다. 마
태의 주기도문이 산상수훈(6:5-15)의 맥락에서 주어졌다면, 누가의 주기
도문은 제자들에게 기도를 가르치는(11:1-13) 교훈적인 맥락에서 주어진
다. 마태의 주기도문이 유대 그리스도인들에게 주어진 것이라면, 누가의
주기도문은 이방 그리스도인들에게 주어진 기도문이다.158) 누가는 요한
의 그룹을 포함한 다른 유대인 그룹들이 그들 자신들을 구분하는 기도

---

157) James McConkey Robinson, ed. *The Critical Edition of Q*, 206-207;
Robert Leaney, "The Lucan Text of The Lord's Prayer(LK xi 2-4),"
NT 1(1956), 103.
158) Andrew J. Bandstra, "The Original form of the Lord's Prayer," *CTJ* 16(1981),
30-37.

문을 가지고 있었던 것처럼 예수를 중심으로 한 자신들의 공동체의 특징을 나타내 줄 기도문을 원했다.159) 마태의 주기도문이 순수한 기도 또는 은밀한 기도를 위한 모델로 제시되었다면, 누가의 주기도문은 자신의 공동체를 다른 공동체와 구별 짓기 위한 독자적인 기도문을 갖기 위해 반복 없는 간결한 형태로 주기도문이 주어졌다.160) 누가공동체는 세례 요한이나 유대인 공동체가 가지고 있었던 기도문을 능가하는 간결한 형태의 기도문으로 여러 번 반복하는 구송기도를 선호한 공동체였을 것이다. 한국교회의 공예배 안에 주기도문과 교독문이 사라지고 있는 예배의 현실에서 예수께서 가르쳐 주신 구송형식의 주기도문을 예배의 현장에서 보다 더 적극적으로 계승하고 발전시켜야 회중 전체가 참여하는 기

---

159) 신구약 중간시대 유대인들에게 있어서 가장 중요한 기도문은 '쉐마' 기도문이었다. 유대인들은 매일 아침, 저녁으로 이 기도문을 낭송하며 하나님을 향한 그들의 신앙을 고백했다. 쉐마 기도문은 3개의 성경본문으로 이루어졌는데 신명기 6:4-9; 11:13-21, 민수기 15:37-41 절이다. 두 번째 기도문은 '쉐모네 에스레' 기도문이다. 이 기도문은 18개의 간구와 찬양으로 이루어졌기 때문에 '18 간구 기도문'이라고 불린다. 1 간구와 마지막 18 간구만을 소개하면 1 간구(찬미) "찬양받으소서, 여호와 하나님, 아브라함과 이삭과 야곱의 하나님, 천지를 지으신 창조주 하나님, 우리의 방패시여". 18 간구(기원) "이스라엘 백성에게 당신의 평화를 주소서. 우리 모두를 언제나 축복하소서. 평화를 이루시는 여호와여. 찬양받으소서" 기독교인들을 염두에 두고 작성되었다고 보이는 12번째 12 간구는 "믿음의 변절자들에게는 소망이 없게 하시고 악한 정권이 무너지게 하소서" 예수 역시 어린 시절부터 이 기도와 함께 생활하였고 후에 제자들이 기도를 가르쳐 달라고 했을 때 유대인들의 이 '쉐모네 에스레'에 상응하는 '주기도'를 가르쳐 주셨다. 주기도가 예수의 가르침과 사상의 진수를 요약하고 있는 것처럼 '쉐모네 에스레'는 당시 유대인들의 신앙과 사상을 요약하고 있다고 볼 수 있다. 성종현, "유대문헌과 신약성서에 나타난 기도,"「장신논단」 9(1993), 45-50, 특히 쉐모네 에스레 원문을 보려면 48-49를 보라. 세모네 에스레 (Tefillah)의 기도시간과 기도방식에 대해서 더 자세히 보기 원하면 H. Danby, *The Mishnah* (New York: Oxford University Press, 1933), 5를 참고하라. 세 번째는 유대인들이 회당예배 시 설교가 끝난 다음 예배에 참석한 온 회중이 한 목소리로 일제히 암송하는 공동기도문으로 '카디쉬 기도문'이 있다.
160) 서중석,『복음서 해석』(서울: 대한기독교서회, 1991), 172-173.

도로 예배가 더 은혜스럽게 드려질 것이다.

9. 친구의 간청을 들어주는 비유(눅 11:5-8)

누가복음 11:8 "비록 벗 됨으로 인하여서는 일어나서 주지 아니할지라
도 그 <u>간청함(ἀναίδειαν)</u>을 인하여 일어나 그 요구대로
주리라"

사멜리(Samlley)는 누가와 사도행전의 저자의 최대의 관심은 특별히
간청하는 기도에 있다고 보았다.[161] 누가는 예수께서 기도를 가르치시
는 문맥에서 친구를 위해 간청하며 기도할 것을 비유로 말씀하신다. 누
가는 우리의 친구들이 그들이 불편할지라도 도움을 요청하면 청을 들어
주는 것과 마찬가지로 하나님은 우리가 청하는 기도에 응답하시는 분으
로 보았다.[162] 브린(O' Brien)[163]과 힌슨(Hinson)[164]은 이 비유는 끈질
긴 기도에 대해 가르치는 것으로 보았다. 그러나 존슨(Johnson)은 8절의
아나이데이아(anideia)가 처음에는 교회에서 '수치를 모름'(shameless
ness)으로 번역되다가 점차적으로 '끈질긴'(persistence)로 번역되었다고
보았다. 당시의 고대 근동의 문화 속에서 친구를 위해 도움을 간청하는
것은 수치가 아니었기 때문에 주석적으로나 신학적으로 아나이데이아

---

161) Stephen S. Samlley, "Spirit, Kingdom and Prayer in Luke-Acts," 59.
162) John. Nolland, *Word Biblical Commentary Luke 9:21-18:34*, 623.
163) P.T.O' Brien, "Prayer in Luke-Acts," 118.
164) E. Glenn Hinson, "Persistence in Prayer in Luke-Acts," *RE* 104(2007/Fall),
   721.

(anideia)는 '수치를 모름'으로 해석해야 한다고 보았다.165) 후파드 (Huffard)도 누가가 이 비유를 앞의 주기도(11:1-4)와 뒤의 기도에 응답 하시는 하나님을 묘사하는 부분(11:9-13)의 중간에 샌드위치 시키면서 간청함(ἀναίδειαν)을 '끈질긴'으로 번역하여 내용적으로는 누가복음 18 장 1-8절의 끈질긴 과부의 기도와 연관시킬 수도 있지만, 그 당시의 상 황과 문화적 배경으로 볼 때 인간의 끈질긴 노력을 통해서 기도에 응답 하신 것이 아니라 주인의 명예, 즉 하나님의 명예 때문에 응답하신 것으 로 보았다.166) 이처럼 존슨과 후파드는 모두 공통적으로 아나이데이아 를 인간의 끈질긴 것과는 관계없는 것으로 보았다. 한편 스노드그래스 (Snodgrass) 역시 아나이데이아를 인내 혹은 끈기와 상관없는 것으로 보았지만 '수치를 모름'을 부정적으로만 보지 않고 누가복음 11장 11절 에 아들이 아버지에게 대담하게 요구하는 것같이 아나이데이아에 대담 성이 포함되어 있다고 보았다.167) 그러므로 이 비유는 끈질긴 기도에 초 점이 있다기보다는 수치를 모르는 담대한 기도를 가르치는 교훈을 담고 있다고 보는 것이 보다 더 설득력이 있어 보인다.

또한, 누가복음의 첫 번째 특수 자료인 누가복음 11장 5-8절은 예수께 서 가르쳐 주신 중보기도의 성격을 가진다. 누가의 중보기도는 인간의 끈질긴 노력에 의해 성취되는 것이 아니라 하나님의 명예와 고결함 때 문에 응답된다는 점을 강조하고 있다. 누가공동체는 친구를 위해 중보기 도를 드리지만 결국 기도에 대한 응답은 인간의 끈질긴 노력에 의해서 가 아니라 전적으로 하나님의 주권에 달려 있음을 말하고 있다. 다만 담 대함을 가지고 기도해야 하는 자세는 포기되면 안 된다는 점을 강조하

---

165) Alan F. Johnson, "Assurance for man: The Fallacy of translating Anaideia by "persistence" in Luke 11:5-8," *JETS* 22/2(1979/June), 127-131.
166) Evertt W. Huffard, "The Parable of the Friend at Midnight: God's honor or Man's Persistence?," *ResQ* 21(1978), 154-155, 160.
167) Klyne. Snodgrass, "Anaideia and The Friend at Midnight," *JBL* 116(1997/Fall), 513.

고 있다. 기독교 영성사 속에서 다른 사람의 필요를 위해 예수의 중보기
도의 모델을 계승한 대표적인 사람은 루터교 계열의 개신교 영성가 조
지 뮬러라고 할 수 있다. 그는 일생을 통해 고아들을 위해 중보기도로 5
만 번의 기도응답을 받은 사람이다.168) 조지 뮬러는 응답을 확신하고 수
치를 모를 정도의 담대한 기도를 드려 기도의 응답을 받았다. 한국교회
의 현장에서 개인적인 성화와 축복을 위한 기도도 중요하지만 그에 못
지않게 타인의 필요를 위한 중보기도를 드리는 것도 중요하다. 한국교회
안에 개인기도와 중보기도의 균형을 이룰 때 성도들이 보다 더 건강한
기도생활을 할 수 있을 것이다.

10. 구하면 주신다(마 7:7-11; 눅 11:9-13)

마태복음 7:11 "너희가 악한 자라도 좋은 것으로 자식에게 줄 줄 알
거든 하물며 하늘에 계신 너희 아버지께서 <u>구하는 자에
게 좋은 것(ἀγαθά)</u>으로 주시지 않겠느냐"

누가복음 11:13 "너희가 악할지라도 좋은 것을 자식에게 줄 줄 알거든
하물며 너희 하늘 아버지께서 <u>구하는 자에게 성령(πνευμ
α ἅγιον)</u>을 주시지 않겠느냐 하시니라"

마태복음 7장 11절과 누가복음 11장 13절은 Q 11:13절로부터 왔다.169)

---

168) 조지 뮬러의 응답받은 중보기도 내용을 자세히 보기 위해서는 조지 뮬
    러/ 배응준 옮김, 『기도가 전부 응답된 사람』(서울: 규장, 2005)을 참고하
    라.
169) James McConkey Robinson, ed. *The Critical Edition of Q*, 220-221.

마태는 Q의 '좋은 것'을 그대로 가져오지만 누가는 Q의 '좋은 것'을 '성령'으로 바꾼다. 노스(North)는 신약의 여러 곳에서 '성령'(Spirit)과 '선'(Good)과 '덕'(Goodness)이 서로 밀접하게 가깝게 나타나는데 누가복음 11장 13절이 가장 가깝게 나타나고 있다고 말한다. 이 단어들은 동일한 셈족어에 속한다고 보았다.170) 이처럼 누가는 기도와 성령을 의도적으로 연결하여 강조하고 있다. 누가의 다양한 사본들은 마태 본문(ἀγαθά-아가다, "좋은 것[것들]")과의 일종의 혼합을 보여준다.171) 그러나 '성령'을 지지하는 외적 증거가 보다 더 우수하다.172) 누가는 오순절 이후 초대 교회의 관점에서 볼 때 하나님께서 주실 수 있는 최고의 선물은 성령이기 때문에, 누가는 하나님이 부모로서 단지 일상에 필요한 것들만 주는 것이 아니라 오히려 하나님의 가장 큰 선물인 성령을 주신다는 것을 보여 주기를 원했다.173) 사멜리에 의하면, 누가는 실제적으로 인간의 기도에 대한 하나님의 최초의 응답으로 성령을 선물로 주셨다고 생각했다는 것이다.174) 이것을 보면 누가공동체는 무엇보다도 하나님의 최고의 선물인 성령을 받으려고 기도하는 공동체였음을 보여주고 있다. 누가복음의 예수의 마지막 명령은 이런 입장을 더 설득력 있게 지지해 준다. 기독교 영성사 속에서 성령을 받는 기도를 가장 잘 계승시킨 사람은 개신교 오순절 교파에 속하는 아주사 거리에서 성령운동을 일으킨 윌리엄 시무어이다. 그는 아주사 거리의 한 건물에서 3년 동안 매일 성령을 받기 위한 기도를 통해 성령을 충만히 받고 수많은 사람들이 선교사로 떠

---

170) J. Lionel North, "Praying for a Good Spirit: Text, Context and Meaning of Luke 11.13," *JSNT* 28.2(2005), 173. 노스는 이 단어들이 서로 밀접하게 가깝게 연결되어 나오는 대표적인 성경구절로 행 11:24절과 갈 5:22절을 들고 있다.

171) John. Nolland, *Word Biblical Commentary Luke 9:21-18:34*, 628.

172) Bruce M. Metzger, *A Textual Commentary on the Greek New Testament* (New York: United Bible Societies, 1971), 158.

173) John. Nolland, *Word Bibkical Commentary Luke 9:21-18:34*, 632.

174) Stephen S. Samlley, "Spirit, Kingdom and Prayer in Luke-Acts," 62.

나기도 했다.175) 한국교회가 누가공동체가 했던 것처럼 성령을 구하는
기도를 하면 다시 한번 부흥의 시대를 맞이할 수 있을 것이다.

11. 과부와 재판장의 비유(눅 18:1-8)

누가복음 18:1-8 "항상 기도하고(πάντοτε προσεύχεσθαι) 낙망하지
　　　　말아야 할 것을 비유로 말씀하여(1절)... 하물며 하나님
　　　　께서 그 밤낮 부르짖는(βοώντων) 택하신 자들의 원한
　　　　을 풀어주지 아니하겠느냐 그들에게 오래 참으시겠느냐
　　　　(7절)"

누가복음 18장 1-8절은 누가의 특수 자료이다. 많은 학자들이 이 비유
에서 2-5절 만을 본래의 본문으로 돌릴 수 있다고 보지만 프리드(Freed)
는 1절에 누가가 잘 사용하는 기도(프로슈코마이, προσεύχομαι)를 사용
하고 있는 점을 볼 때 1절의 기도에 대한 언급도 본래의 본문으로 돌릴
수 있다고 보았다.176) 비록 거기에는 예외가 있지만(SB Ⅱ, 237f.; I.

---

175) 윌리엄 시무어를 중심으로 일어났던 아주사의 성령운동을 더 자세히 보
　　기 위해서는 로버츠 리어든/ 김광석 옮김,『아주사 부흥』(서울: 서로사랑,
　　2008)을 참고하라.
176) Edwin D. Freed, "The Parable of the Judge and The Widow," *NTS*
　　33(1987), 40. 누가복음 18장 2-5절 만을 본래의 본문으로 돌릴 수 있다고
　　보는 학자는 B. T. D. Smith, Via, Tobert, Linnrmann, Perrin, Harnisch,
　　George, Marshall, Julicher 등이다. Freed는 누가가 초대교회에서 기도에
　　대해 많이 쓰는 기도(프로슈코마이, προσεύχομαι)는 신약에 85회 나오는데
　　누가복음에 35회 나온다고 보았다. 누가는 예수와 기도를 관련시키기 위해
　　이 단어를 사용한다. 특히 누가는 자주 마가의 자료(3:21-22; 5:16; 6:12;

1036) 일반적으로 유대교의 가르침은 영속적인 기도(perpetual prayer)
의 사상을 반대했다.177) 힉스(Hicks)도 유대인들에게 끊임없는 기도는
하나님에게 비난받기 쉬운, 성가신 기도로 인식되었으며, 보통 유대인들
은 하루에 세 번 기도하는 것으로 충분하다고 생각했다는 것이다(단
6:10). 그러므로 힉스는 여기에서 예수께서 항상(πάντοτε) 기도하라는
것은 당시 유대인들의 기도 태도와는 대조되는 것으로 인내하는 기도를
격려하는 비유로 보았다.178) 하워드 마샬(Howard Marshall)도 여기서
항상 기도는 끊임없는(continuous) 기도보다는 응답을 받을 때까지 계속
적으로 끈기 있게 기도하라는 뜻이 담겨 있다고 보았다.179) 힌슨
(Hinson)도 이 비유는 누가와 사도행전에 나오는 누가의 주 관심인 인내
하는 기도의 대표적인 비유로 보았다.180) 이처럼 이 비유는 응답을 받기
전에는 포기하지 말라는 끈기 있는 기도를 제시하고 있다. 레이드(Reid)
는 여기에 힘없는 과부는 인내를 통하여 의로운 승리를 쟁취해 냈다고
보았다.181) 누가는 누가공동체가 기도를 할 때 예수가 십자가의 죽음 앞

9:18, 28-29; 22:39-46)에 기도의 주제를 덧붙이기도 한다.

177) 유대교는 영성사에서 이단으로 정죄받은 영속적인 기도를 지향했던 메살리안 파
들을 반대한다. 기독교도 이 점에 있어서는 유대교와 같은 입장을 취한다. 메살리
안파에 대한 더 자세한 내용을 보기 위해서는 방성규, "메살리안 운동이 초기 수도
원 운동에 끼친 영향," 「한국교회사학회지」 9(2000), 113-140을 참고하라.

178) John Mark Hicks, "The Parable of the Persistent Widow(Luke
18:1-8)," *RestQ* 33(1991), 214.

179) I. Howard Marshall, The Gospel of Luke, 671. 4세기 후반 교회에 생긴
이단인 메살리안(히브리어/시리아어-"기도하는 사람들")사람들은 "끊임없
는 기도"를 실천하기 위해 심지어 아바 베사리온은 14일 동안 가시덤불
속에서 잠자지 않고 서서 기도를 했다. 방성규, "메살리안 운동이 초기 수
도원 운동에 끼친 영향," 130-131. 메살리안 파들의 항상 기도는 누가복음
18장 1절의 항상 기도와는 거리가 멀다. 누가는 끈기 있는 기도를 권하고
있다.

180) E. Glenn Hinson, "Persistence in Prayer in Luke-Acts," 721-723. 힌슨
은 인내하라는 권면 속에는 당시 로마의 핍박의 상황이 전제되어 있다고
보았다.

181) Barbara E. Reid, "Beyond Petty Pursuits and Wearisome Widows,"

에서 절규하듯이 간절하고, 끈기 있게 인내하면서 기도한 것처럼 기도하
도록 영적인도를 하고 있다고 보인다.

　누가는 누가복음 18장 7절에서 기도의 방법에 해당하는 '부르짖는'(βο
ώντων)것에 대해서도 마가(15:34)와 마태(27:46)는 예수께서 이 단어를
십자가의 죽음 앞에서 사용하는 것으로 묘사하지만, 누가는 십자가에서
부르짖는 예수에게 이 단어를 사용하지 않는다(23:44). 오히려 누가는 이
'부르짖는' 단어를 누가복음 18장 7절의 기도의 맥락에서 사용한다.182)
누가복음 18장 7절은 확실히 방해받는 자신들의 현실과 싸우는 누가공
동체의 상황과 연관되어 있다.183) 그러므로 누가공동체는 자신들의 개
인적이며, 공동체적인 기도를 위해서 밤낮을 가리지 않고 부르짖는 끈질
긴 통성기도를 권장했을 것이다. 여기서 누가는 부르짖는 끈질긴 통성기
도를 예수기도의 중요한 유형 중에 하나로 부각하고 있다. 한국교회의
기도하면 '통성기도'라는 기도의 별명이 붙을 정도로 한국교회의 통성기
도는 유명하다. 한국교회에 첫 통성기도는 1907년 평양대부흥운동의 모
체가 되었던 장대현교회에서 시작되었다.184) 기독교 영성사 속에서 개
신교 장로교에 속하는 길선주 목사는 1907년 평양 대부흥운동의 현장에
서 나타난 통성기도의 전통을 계승한 대표적인 영성가이다.185) 평양 장
대현교회에서 일어났던 통성기도는 개인적인 기도일 뿐만 아니라 민족

Interpretation 56(2002), 293.

182) Edwin D. Freed, "The Parable of the Judge and The Widow," 53.

183) Barbara E. Reid, "Beyond Petty Pursuits and Wearisome Widows,"
　　290.

184) 김명실, "공동체적 탄원기도로서의 통성기도: 통성기도의 정체성의 정립
　　과 그 신학과 실천의 나아갈 방향 모색," 「신학과 실천」 24(2010/9),
　　305-306. 통성기도가 터졌던 1907년 1월 12일을 계기로 대부흥운동이 절정
　　에 이르렀다. 이 논문에서 김명실은 한국의 통성기도는 개인적인 기도일
　　뿐만 아니라 공동체의 탄원이 함께 포함되어 있다고 보고 있다.

185) 길선주 목사의 1907년 평양 장대현교회 집회에서 나타난 통성기도의 모
　　습을 보기 위해서는 길진경, 『영계 길선주』(서울: 종로서적, 1980) 특히
　　생생한 집회 현장의 모습을 보기 위해서는 183-190을 참고하라.

의 아픔을 승화하는 공동체적인 통성기도였다. 이런 점에서 한국 초대교회의 통성기도는 누가공동체의 밤낮 부르짖는 기도와 맥을 같이 한다. 한국교회는 다시금 한국 초대교회의 부흥의 원동력이 되었던 개인적이며, 공동체적인 끈질긴 통성기도를 회복함으로 한국사회와 민족으로부터 인정받는 기독교로 다시 태어나야 할 것이다.

12. 바리새인과 세리 비유(눅 18:9-14)

누가복음 18:9-14 "두 사람이 기도하러 성전에 올라가니 하나는 바리새인이요 하나는 세리라(10절)... 바리새인은 서서 따로 기도(11절)... 세리는 하나님이여 불쌍히 여기소서 나는 죄인이로소이다 하였느니라(13절)"

홀마스(Holmas)는 누가는 누가복음과 사도행전에서 성전을 전략적으로 기도의 장소로 두고 있다고 보았다.186) 바리새인의 기도는 당시 남성 유대인들이 성전 남자 구역에서 두 손을 쳐들고 하늘을 바라보면서 기도한 데 반해서, 세리는 "멀찍이 서서 하늘로 눈을 들 생각도 못하고 제 가슴을 치며"기도한다.187) 여기서 바리새인의 기도는 그들의 교만과 다

---

186) Geir Otto Holmas, "'My House shall be a House of Prayer': Regarding the Temple as a Place of Prayer in Acts within the Context of Lukes Apologetical Objective," *JSNT* 27.4(2005), 395-396, 407, 415-416. 홀마스는 초대 그리스교 공동체가 합법적으로 예수를 메시아로 인정받기 위해서는 유대교와의 연계성의 수단으로 기도의 장소로 성전을 공유하려는 의도를 가졌다고 보았다.
187) 정양모, 『루가 복음서』(왜관: 분도출판사, 1983), 168-169.

른 사람들을 멸시했기 때문에 자격을 박탈당한다.188) 누가공동체는 유
대교의 성전기도의 전통을 인정하면서도 외식하는 바리새인같이 교만한
기도가 아니라 세리와 같은 겸손한 기도를 자신들의 이상적인 기도의
모델로 제시했을 것이다.

13. 항상 기도하며 깨어 있으라(눅 21:34-38)

누가복음 21:36　"이러므로 너희는 장차 올 이 모든 일을 능히 피하고
　　　　　　　　　인자 앞에 서도록 항상 기도하며(παντι δεόμενοι)
　　　　　　　　　깨어 있으라 하시니라"

누가복음 21장 34-38절은 누가의 특수 자료이다. 36절에 나오는 '기도
하며'(데오메노이, δεόμενοι)는 누가가 기도를 위해 사용하는 특유한 용
어이다. 이 용어는 깨어서 머물러 있으라는 의미이며, 그런 의미에서 기
도는 깨어 있는 중요한 행위이다.189) 여기서 누가는 누가복음 18장 1절
에서와 마찬가지로 '항상'을 앞에 붙인다. '항상 기도하며'는 누가가 강조
하는 기도의 특색이다. 누가공동체는 심판을 준비하는 깨어있음의 표지
로 항상 기도를 제시했을 것이다.

---

188) I. Howard Marshall, The Gospel of Luke, 680.
189) John. Nolland, Word Biblical Commentary Luke 18:35-24:53, (Dallas,
　　Texas: Word Books, Publisher, 1993), 1013.

14. 베드로가 부인할 것을 이르시다(마 26:30-35;
막 14:26-31; 눅 22:31-34; 요 13:36-38)

누가복음 22:32 "그러나 내가 너를 위하여 네 믿음이 떨어지지 않기를
기도하였노니(ἐδεήθην) 너는 돌이킨 후에 네 형제를 굳
게 하라"

해리스는 이 구절을 예수께서 베드로를 위해서 행한 중보기도
(intercession)로 보고 있다.[190] 누가복음 22장 32절에서 누가는 베드로
가 부인할 것을 예고한 본문에서 누가만이 예수의 기도 부분을 첨가한
다. 베드로의 믿음에 대한 예수의 기도는 사탄의 공격에 의해서 쇠진되
지 않도록 해달라는 기도이다.[191] 여기서 예수가 베드로를 위해서 기도
한다면 베드로도 동시에 기도할 의무가 있다.[192] 누가공동체는 서로 간
의 믿음을 위한 중보기도의 책임을 강조하고 있다고 할 수 있다. 누가의
특수자료 중에 중보기도가 두 번 나온다. 이것은 누가가 예수의 기도영
성 중에 중보기도의 중요성을 강조하고 있다는 증거이다.

---

190) Lindell O. Harris, "Prayer in the Gospel of Luke," 63.
191) John Nolland, *Word Biblical Commentary Luke 18:35-24:53*, 1072.
192) I. Howard Marshall, *The Gospel of Luke*, 822.

15. 감람 산에서 기도하시다(마 26:36-46; 막 14:32-42; 눅 22:39-46; 요 18:1)

마태복음 26:36 "이에 예수께서 제자들과 함께 겟세마네라 하는 곳에 이르러 제자들에게 이르시되 내가 저기 가서 기도할 동안에(προσεύξωμαι) 너희는 여기 앉아 있으라 하시고"

마가복음 14:32 "그들이 겟세마네라 하는 곳에 이르매 예수께서 제자들에게 이르시되 내가 기도할 동안에(προσεύξωμαι) 너희는 여기 앉아 있으라 하시고"

누가복음 22:39-44 "예수께서 나가사 습관을 따라 감람 산에 가시매 제자들도 따라갔더니 그 곳에 이르러 그들에게 이르시되 유혹에 빠지지 않게 기도하라(προσεύχεθε) 하시고 그들을 떠나 돌 던질 만큼 가서 무릎을 꿇고 기도하여(προσηύχετο)"(39-41절)... 예수께서 힘쓰고 애써 더욱 간절히 기도 하시니 땀이 땅에 떨어지는 핏방울 같이 되더라(44절)"

블레이싱(Blaising)은 예수의 겟세마네에서의 기도는 믿음의 기도이며, 아버지의 뜻에 완전히 동의하는 기도였다고 본다.193) 누가는 마가를 충실히 따르면서도 누가에게만 있는 특수 자료를 통해 제자들에게 '유혹에 빠지지 않게 기도'하라고 하신다. 반면에 마가와 마태는 예수께서 아무런 언급 없이 기도하시는 것으로 기록한다. 그러나 누가는 예수께서 감람산에 습관을 따라가셨음을 언급하면서 자주 기도하시러 감람산에

---

193) Craig A. Blaising, "Gethsemane: A Prayer of Faith," *JETS* 22/4(1979/ December), 342.

가셨음을 암시한다. 기도 언급에 있어서도 마태(26:36)와 마가(14:32)는 기도를 한번 언급하는데 비해 누가는 두 번 언급한다(22:39-41). 누가의 예수만이 시험에 들지 않기 위해 기도하라고 말로 강조하신 후에 실제로 기도하신다. 누가의 예수는 다가올 위기 속에서 제자들이 큰 시험을 면하기 위해 기도하도록 격려한다.194) 유대인들의 일상적인 기도 자세는 '서서 하는 기도'였다(눅 18:11,13). 그러나 누가의 예수는 '무릎을 꿇고 기도'를 하신다(22:41).195) 이 구절은 누가의 것인데 보기 드문 이런 기도의 자세는(서서하는 기도자세의 예는 SB II, 259-262) 예수의 겸손함과 절박함을 강조하는 것이다.196) 에허만(Ehrman)과 플룬케트(Plunkett)는 누가복음 22장 43-44절이 여러 고대 사본에 나오지 않는 외부적인 문제와 필사의 가능성 때문에 누가의 본문으로 돌릴 수 없다는 이론과 그러나 신학적으로나 교차대구법적인 구조적인 면을 볼 때는 본래 누가의 것으로 돌릴 수 있다는 두 가지 입장이 팽팽히 맞서고 있다고 보았다.197) 그린(Green)도 누가복음 22장 43-44절은 누가가 창작할 가능성과 전승으로부터 올 가능성을 모두 양립할 수 있다고 보았다.198) 그러나 다른 복음서에 없는 땀이 핏방울같이 될 정도로 애써 간절히 기도하는 표현이 누가복음에 기록되어 있다는 것은 누가의 원래의 본문에 없다가 후대의 누가공동체의 구성원이 삽입을 했다고 해도 그것은 이미 누가공동체가 공유한 기도의 정신을 계승했다는 증거가 된다. 전체적으

---

194) John. Nolland, *Word Biblical Commentary Luke 18:35-24:53*, 1081.

195) 김득중, 『성서주석 누가복음 II』 (서울: 대한기독교서회. 1993), 460. 사도행전(7:60; 9:40; 20:36; 21:5)에 보면 이런 예수의 기도 자세는 제자들에 의해 그대로 답습되고 있다.

196) I. Howard Marshall, *The Gospel of Luke*, 830.

197) Bart D. Ehrman and Mark A. Plunkett, "The Angel and the Agony: The Textual Problem of Luke 22:43-44," *CBQ* 45(1983), 416.

198) Joel B. Green, "Jesus on The Mount of Olives(Luke 22:39-46): Tradition and Theology," *JSNT* 26(1986), 36, 43. 그린은 누가가 사용한 두 가지 전승은 마가복음과 Q를 사용하여 이사야의 고난 받는 종으로서의 예수의 모습을 그리려 했다고 보았다.

로 누가는 누가공동체의 구성원들이 시험에 들지 않기 위해서는 겸손하게 무릎을 꿇고 하나님의 뜻에 전적으로 동의하며, 힘쓰고 애쓰는 기도를 해야 하는 기도자세를 가르치고 있다고 볼 수 있다.

16. 십자가에 못 박히시다(마 27:33-37; 막 15:22-26; 눅 23:33-34, 46; 요 19:17b-27)

누가복음 23:34, 46 "이에 예수께서 이르시되 아버지 <u>저들을 사하여 주옵소서</u> 자기들이 하는 것을 알지 못함이니이다 하시더라 그들이 그의 옷을 나눠 제비 뽑을 쌔"(34절)...예수께서 큰 소리를 불러 이르되 아버지 내 영혼을 아버지 손에 부탁하나이다"(46절)

키스테마커(Kistemaker)는 예수의 십자가상의 일곱 말씀 중에 누가복음 23장 34절의 기도를 제일 먼저 한 것으로 순서를 배열하고 있다. 그는 누가가 선교적인 동기를 가지고 십자가 주위의 네 명의 로마 군인을 위해 용서의 기도를 했다고 본다.[199] 누가의 예수는 십자가상에서 가장 먼저 기도를 할 정도로 기도를 강조하시는 예수를 그리고 있다. 군인들을 용서해 달라는 기도는 시나이, 알렉산드리아 사본에는 있으나 파피루스 75, 바티칸 베자 사본에는 없다. 그러나 일등급 대문자 사본인 시나이나 알렉산드리아 사본에 있는 것을 보면 그 권위를 어느 정도는 인정할

---

199) Simon J. Kistemaker, "The Seven Words from the Cross," *WTJ* 38(1976/Winter), 182, 189-190.

수 있다.200) 누가의 예수는 기도를 통하여 이타적인 존재로 변화된다. 기도를 통하여 변화된 인간은 본래의 자기 중심성을 초월한다.201) 브린은 공관복음서 중에 오직 누가만이 예수께서 운명하실 때에 큰 소리를 지르며 기도하셨다고 말한다.202) 이처럼 누가와 누가공동체는 예수같이 원수까지도 용서하고 기도해 주는 자기 중심성을 초월한 기도를 이상적인 기도 중의 하나로 삼았을 것이다. 그리고 예수의 마지막 기도인 큰 소리로 하는 절규의 통성기도는 누가공동체가 핍박의 상황에서 할 수 있는 절박한 기도의 유형 중에 하나로 자리 잡았을 것이다.

17. 누가복음의 예수의 마지막 말씀(눅 24:44-49)

누가복음 24:49 "볼지어다 내가 내 아버지께서 약속하신 것을 너희에게 보내리니 너희는 위로부터 능력으로 입혀질 때까지 이 성에 <u>머물라</u> 하시니라"

누가복음 24장 49절은 누가의 마지막에 나오는 특수 자료이다. 누가의 마지막 특수 자료는 성령과 기도가 연관되어 있다. 누가의 예수의 마지막 말씀은 위로부터 능력으로 입혀질 때까지 이 성에 '머물라'고 하신다. 여기에 '약속'은 사도행전 1장 4절과 연관되어 있으며, 예루살렘에 머물라는 논리는 사도행전 2장 33절 안에서 명백하게 설명되어진다.203) 다

---

200) 네스틀레. 알란트,『그리스어 신약성서 한국어 서문판』, 29.
201) 김수천, "누가의 문서에 나타난 기도의 신학-역사 변혁의 원동력으로서의 기도,"「신학과 실천」 28(2011), 361.
202) P. T. O' Brien, "Prayer in Luke-Acts," 116.

시 말해 약속을 위해 예루살렘성에 머물러 성령주심을 기다리라는 것이다. 누가의 예수는 성령을 받기 위해 머무는 방법으로 사도행전 1장 14절의 기도의 방법을 제시하고 있다. 사도행전을 누가복음의 두 번째 책이라고 전제할 때 여기의 저자적 독자가 성에 머물라는 말을 사도행전 1장 14절에 다락방에서 제자들이 기도에 전혀 힘썼다는 구절을 전제로 회상을 한다면 누가복음 24장 49절의 '머물라'는 말은 기도하라는 뜻으로 해석할 수 있다.204) 그러므로 누가공동체는 성령을 받기 위해 정기적으로 한 곳에 모여 기도를 한 성령을 받는 공동체였을 것이다.

---

203) John Nolland, *Word Biblical Commentary Luke 18:35-24:53*, 1220.
204) 오덕호, 『문학-역사비평이란 무엇인가?』 (서울: 대한기독교서회, 2000), 78-81.

V. 나가는 말

누가공동체는 예수의 다양한 영성 중에 기도의 영성을 선호한 공동체로 보인다. 누가복음의 저자적 독자가 대체로 주후 1 세기말, 로마 제국 동부지역, 팔레스타인 밖에 산 것으로 추정해 본다면[205] 누가공동체의 구성원들이 유대인과 이방인이 섞여 있었던 혼합 공동체일 가능성이 높다. 누가는 다양한 누가공동체의 구성원들을 결속시키기 위한 하나의 방법으로 다양한 예수의 기도모델을 제시했을 것이다. 특히 영성적으로 본다면 누가는 기도에 대한 특수 자료를 통해 예수의 예루살렘 여행초기의 친구의 청을 들어주는 비유(11:5-8)와 후기의 과부의 간청을 들어주는 재판관의 비유(18:1-8)와 바리새인과 세리의 기도(18:9-14)를 인클루지오(inclusio) 기법[206]을 사용하여 누가공동체의 구성원들에게 하나님께 기도를 하되 세리와 같이 겸손한 자세로 기도하라는 영적인도의 차원에서 본문을 배치했다고 보인다. 누가공동체의 기도의 유형으로는 개인기도(5:12-16; 9:18), 철야기도(6:12), 산기도(22:42-44), 관상기도(9:28-29), 항상 기도(21:36), 중보기도(22:32), 통성기도(18:1-8), 성령을 구하는 기도(11:9-13; 24:49)등 다양한 형태로 나타난다. 이 다양한 예수의 기도의 유형은 어떤 기도가 다른 기도보다 우위에 있다는 서열관계에 있는 것이 아니라 각 유형의 기도는 평등한 관계 속에 있다는 것을 보여준다. 어떤 기도도 다른 기도보다 우위에 있다는 성서적 근거가 희박하기 때문이다. 오히려 이러한 다양한 기도의 형태는 누가공동체에 속한 다양한 구성원들의 기도에 대한 갈망을 해소시키기 위한 누가의 목회적 돌봄과 영적 인도가 반영되었기 때문이다.

---

205) *Ibid.,* 179.
206) *Ibid.,* 69. 인클루지오 기법이란 유사한 단어나 구가 문단의 처음과 끝에 나오면서 전체 문단을 하나로 묶어주는 문학 기법이다.

기독교 영성사 속에서 주로 동방과 서방교회는 관상기도를 최고의 우위에 두는 기도로 강조해 왔다. 반면에 개신교는 개인기도나 통성기도 혹은 중보기도를 강조해 왔다. 그러나 적어도 누가복음에 나타난 예수의 기도유형을 분석해 보면 관상기도나 개인기도의 우위성이 확보되지 않는다. 오히려 모든 기도가 동등한 위치를 차지한다. 우위성의 관점에서가 아니라 누가공동체가 선호한 기도의 관점에서 보면 누가복음의 중간(11:9-13)과 마지막(24:49)에 나타난 성령을 구하는 기도가 누가공동체가 가장 선호한 기도라고 볼 수 있다. 기독교 영성사 속에서 신앙 전통들은 다양하게 변화해 왔다. 민족과 인종과 지역과 문화에 따라 강조한 기도의 유형도 모두 달랐다. 포스트모더니즘 시대의 한국교회의 목회 현장은 그 어느 때보다도 다양한 기도 갈망을 가진 성도들이 함께 섞여 있는 신앙공동체를 이루고 있다. 이러한 다양한 구성원들의 다양한 기도 갈망을 채워주기 위해서는 한 두 가지 기도유형만이 아니라 누가복음에 제시되어 있는 예수의 다양한 기도유형을 적절하게 제시함으로 성도들이 다양한 기도생활을 통해 영적성장을 할 수 있도록 도와야 할 것이다.

■ Abstract ■

Spirituality of prayer in the Gospel of Luke

The purpose of this article is to analyze the prayer of Jesus in the Gospel of Luke. Luke highlights the prayer more than any other Gospels in the New Testament. The Gospel of Luke has more to say about prayer, the prayer of Jesus, and Jesus taught about prayer than any of the other Gospels. Therefore, I suggest that Luke placed prayer indispensable core in the Gospel. We can see that Jesus' last word is the climax in Luke. So, I insist that the last saying of Jesus represents prayer spirituality that Lukan Community. Most of all, Luke' community emphasizes specifically the prayer in the spirituality of Jesus. You will agree this through the comparison of Jesus' last word in Luke with those in any other Gospels. In Matthew, Jesus emphasizes the Word finally. Mark highlights the Miracle in the last words of Jesus. In John, the Ministry. But, Luke highlights prayer in Jesus' last words. This difference in the Gospels results in the different focuses about Jesus spirituality in each Gospel community. Therefore, we can say that Prayer centered Jesus spirituality in Luke is not only Jesus' own, but also Luke community.

I will show the correlation between the Focusing spirituality in the Gospel and Community spirituality, in Luke, especially about the prayer. Firstly, I will show that Luke used the term prayer and something like more than the other writers in the New Testament. Secondly, I will explain the importance of prayer in the Gospel of Luke. Thirdly, I will compare Luke with the other Gospels with priority given to prayer. So we'll see that Luke underlined prayer more than the other Gospels. Furthermore, Luke showed various prayer types of Jesus. To put it concretely, personal prayer, midnight prayer, mountain prayer, contemplative prayer, endless prayer, intercession prayer, Tongsung prayer, a prayer asking the Holy Spirit. Maybe various forms of prayer like these might reflect Luke' of the pastoral care and spiritual guidance to relieve desires of prayer for the wide range of Luke' community members. Jesus prayers like these in Luke were inherited and developed in history of christian spirituality in preferred type by several community. However some prayers didn't take the precedence over others but were rather equal. On the place of life, people succeeded to the prayer, and emphasized some prayer. For this reason, it is pastorally beneficial to solve conflicts of prayer in the different christian tradition that we analyze the prayer of Jesus in the Gospel of Luke.

Key Words
Prayer, Spirituality, type, Luke community, Diversity, Faith traditions

요한복음

제 4 장 요한복음에 나타난 예수의 목양 영성

■ 초 록 ■

본 논문은 한국교회의 인원 감소와 사회적 신뢰도 약화에 따른 위기가 교회에서부터 올바른 목양을 하지 못했기 때문으로 보고 올바른 목양을 제시하고 있는 요한복음에 나타난 예수의 목양에 관심한다. 따라서 본 논문은 요한복음에 나타난 예수의 목양 영성을 다루고 있다. 필자는 이를 규명하기 위하여 요한공동체가 처한 정황에 관심한다. 필자는 요한공동체의 정황을 밝히기 위해서 먼저 유대교 회당과 요한공동체의 대립 관계를 관찰하고, 그 결과 요한공동체는 예수의 영성을 계승한 영성 그룹이라고 추정한다. 요한공동체에는 크게 세 개의 그룹이 있었던 것으로 추정한다. 첫째는 '예수께서 사랑하는 제자'와 예수의 어머니 마리아를 중심으로 하는 영성 그룹, 둘째는 사도 계열의 그리스도인들 그룹, 셋째는 여러 전향자 그룹이다. 특히, 예수께서 사랑하는 제자와 예수의 어머니 마리아를 중심으로 하는 요한공동체의 핵심 그룹인 영성 그룹은 예수의 목양 영성을 계승한 그룹으로 추정한다. 따라서 요한공동체의 영성 그룹을 상상하는 것이 요한복음 해석의 중요한 열쇠가 된다. 일부 학자들은 요한공동체는 반 베드로 입장을 취하거나 사도 계열의 그리스도인들과 경쟁 관계에 있었다고 본다. 그러나 필자는 요한공동체의 영성 그룹은 반 베드로 입장과 사도 계열의 그리스도인들과의 경쟁 관계를 극복하기 위해 예수의 목양 영성으로 경쟁과 갈등을 없애고, 서로 연합하고 공존을 모색했다고 주장한다. 더 나아가 요한공동체의 영성 그룹은 사마리아 전향자, 이방인 전향자, 세례 요한의 제자 중 일부 전향자, 그리고 갈릴리 전향자를 예수의 목양 영성 아래 하나로 통합시켰다. 또한, 요한복음에 나타난 예수의 목양 영성은 개인적 목양 영성과 공동체적 목양 영성으로 나타난다. 본 논문의 연구 방법은 사회학적 성서해석과 요한복음과 다른 복음서를 비교하는 방법을 사용하였다. 지금까지 요한복음 연구는 주로 신학 사상 일변도로 연구를 해왔는데 본 논문은 영성 신학적 관점에서 예수의 목양 영성으로 요한복음을 새롭게 해석했다는 점에서 해석학적 외연을 넓힌 공헌이 있다고 생각한다. 나아가 이 논문이 한국교회에 예수의 목양 영성 모델을 제시했다는 점에서 한국교회 목양에 작은 도움이 되기를 희망한다. 나아가 예수의 목양 영성으로 한국교회 위기를 극복하는 대안이 되기를 기대한다.

주제어
요한공동체, 유대교 회당, 영성, 목양, 영성 그룹

I. 들어가는 말

한국교회가 지향해야 하는 이상적인 목양(牧羊) 모델은 어떤 것인가? 지금까지 한국교회는 교인 수나 교회 건물, 헌금 등 주로 교회의 외적 성장을 지향해 왔던 것이 사실이다. 이런 현상 때문에 오히려 오늘날 한국교회의 인원이 감소하고, 사회적 영향력이 약화된 것은 아닌가?[207] 이러한 한국교회 위기의 원인 중에 하나가 교회의 성도들에게 올바른 목양 교육을 하지 못한 것은 아닌가? 이러한 문제의식을 가지고 본 논문은 한국교회의 위기 극복을 위해 올바른 목양을 가르치고 있는 요한복음에 나타난 예수의 '목양 영성'[208]에 관심한다. 요한복음에는 다른 복음서와 달리, 예수의 목양 영성이 현저하게 나타나 있다. 한국교회가 요한복음에 나타난 예수의 목양 영성을 이상적인 목양 모

---

* 이 논문은 2022년 대한민국 교육부와 한국연구재단의 지원을 받아 수행된 연구임(NRF-2022S1A5B5A17043865). 이 논문은 유은호. "요한복음에 나타난 예수의 목양 영성."「신학과 실천」 92(2024. 11), 231-263에 실린 논문임을 밝혀둔다.

207) 임성은, "교회의 신뢰회복 방법으로서 인증제 도입에 대한 연구,"「신학과 실천」 74(2021), 952-955; 정재영, "코로나 팬데믹 시대에 교회의 변화와 공공성,"「신학과 실천」 73(2021), 860-864; 박미라, "언택트"(Untact) 시대에서 교회의 위기를 위한 기독교교육 상담의 적용방안 연구,"「신학과 실천」 72(2020), 462-465; 최무열, "한국교회의 위기 극복과 대사회적 신뢰성 회복 방안으로서의 디아코니아 활용에 관한 소고,"「신학과 실천」 47(2015), 521-527; 류장현, "한국교회의 위기와 신앙 회복,"「신학연구」 64(2014), 82-107; 김성건, "고도성장 이후의 한국교회: 종교사회학적 고찰,"「한국기독교와 역사」 38(2013), 5-8; 안광현, 김준식, "기독교인들의 한국교회에 대한 인식현황 분석 - 수도권지역을 중심으로,"「신학과 실천」 30(2012), 477-481.
208) 예수의 '목양 영성'은 회심, 세례, 개인 심방, 개인 목양 상담, 섬김, 예배, 성찬, 설교, 목양 기도, 구제, 전도 등 예수의 핵심 목양 사역을 가리킨다.

델로 계승한다면 다시 새롭게 변화될 수 있다고 생각한다.

한편, 지금까지 신약성서의 사복음서 연구는 주로 신학적 주제 중심의 연구가 많았다. 요한복음 연구도 예외는 아니다. 그러나 앞으로는 이와 동시에 실천을 다루는 영성 신학적 주제를 함께 다루어야 균형 있는 연구가 될 것이다. 요한복음을 산출한 요한공동체도 성격상 학문적인 신학 학파가 아니라 신앙공동체이기 때문이다. 따라서 요한복음이 다른 복음서와 비교해서 현저하게 목양을 강조한다는 점에서 요한복음은 요한공동체가 목양을 위하여 만든 '목양 지침서'라고 할 수 있다. 그런데도 최근의 요한복음 연구는 여전히 신학 사상 일변도로 연구가 진행되고 있다. 그 가운데서도 특히, 기독론에 집중되어 있다.209) 이에 비해, 요한복음에 나타난 예수의 영성에 관한 연구는 상대적으로 적은 편이다. 다행히 요한복음과 영성학의 권위자인 산드라 슈나이더스(Sandra M. Schneiders)는 성경적 영성(Biblical Spirituality)을 제시하였다. 최근 국내에서 요한복음의 영성을 다룬 논문은 김일목의 장애인 영성과 유춘자의 여성 해방 영성에 국한되어 있다. 김춘기가 요한복음의 영성을 다루기는 했지만, 이 논문 역시 요한복음의 '계시'를 중

---

209) 최근의 기독론 관련 논문을 살펴보면, 피터슨은 바울 교리에서 통상적으로 사용하는 그리스도와의 연합이 요한복음에도 나타나며, 특히, 성육신 없이는 그리스도와의 연합은 없고, 그리스도와의 연합은 생명의 빵, 선한 목자, 포도나무와 가지, 대제사장적 기도에 나타난다고 한다. Robert A. Peterson, "Union with Christ in the Gospel of John," *Presbyterion* 39(2013), 9, 14-15, 27, 특히 27. 가스통은 요한복음에는 고(High) 기독론은 약간만 나오고 오히려 저(Low) 기독론이 많이 나온다고 한다. 요한복음에서 예수는 아버지에게 종속되어 나타나며, 요한복음은 역사적 예수에 근접한 저 기독론과 결부시켜 생각해야 한다고 한다. Thomas E. Gaston, "Does the Gospel of John Have a High Christology?" *HBT* 36(2014), 129, 133-135, 138-141, 특히 141. 기셴도 요한복음은 야웨 기독론을 말하고 있다고 한다. 곧 예수는 눈에 보이는 야웨이며, 예수의 참 이름은 야웨이고, 예수는 야웨처럼 말하고, 행동한다고 한다. Charles A. Gieschen, "The YHWH Christology of the Gospel of John," *CTQ* 85(2021), 4, 12, 17-22, 특히 4.

심으로 한 조직신학적 관점에서 영성을 다루고 있다.210) 아쉽게도 영성 신학적 관점에서 요한복음에 나타난 예수의 영성을 다룬 논문은 찾아보기 어렵다. 특히, 요한복음에 현저하게 나타나는 목양 주제를 예수의 영성과 연관시킨 연구는 전혀 없는 것으로 안다. 따라서 본 논문은 요한복음에 나타난 예수의 목양 영성을 다룬 거의 유일하고, 매우 드문 연구가 될 것이다.

또 한편, 키(H. C. Kee)는 요한복음은 마가복음이나 Q 전승에서 괄목할 만한 역할을 하는 귀신 축출에 관한 내용은 없지만, 예수에 관한 기적 이야기들은 많이 기록하고 있다고 한다.211) 그러나 키는 요한복음에 귀신 축출 기사가 없는 것만 주목했지 귀신 축출 기사 대신에 다른 복음서보다 상대적으로 많이 나타나는 목양 주제에 관해서는 관심하지 않았다. 서중석 역시 요한공동체의 목양적 관심을 간과한 채 요한공동체의 구성원들을 추적하는 데 집중한다.212) 이처럼 키나 서중석은 정작 다른 복음서와 달리 요한복음에 나타난 다량의 목양 주제에 대해서는 상대적으로 중요하게 처리하지 않았다. 이것은 두 사람 모두 요한복음 전체에 걸쳐 현저하게 나타난 예수의 목양 영성을 부각한 요한공동체의 영성 그룹을 상상하지 못했기 때문이다. 따라서 요

---

210) 슈나이더스는 성경적 영성은 텍스트를 생산한 경험(저자의 영성)과 텍스트가 낳은 것(작품 자체의 영성) 그리고 믿는 개인과 공동체 영성의 세 가지 상호작용적 의미를 갖으며, 성경 본문에서 종교적 경험의 구체화에 참여하는 것이라고 한다. Sandra M. Schneiders, "Biblical Spirituality," *Interpretation: A Journal of Bible and Theology* 70(4)(2016), 421-422; 김일목, "요한복음에 나타난 장애인 영성의 문학적 서술," 「문학과 종교」 21(2016), 1-17; 유춘자, "요한복음에 나타난 사마리아 여성과 여성 해방의 영성," 「한국여성신학」 28(1996), 8-22; 김춘기, "요한복음에서 나타난 영성," 「신학과 목회」 14(2000), 561-588.
211) 키는 요한복음의 자료들을 표적 자료와 담화 자료로 구분하는데 여기서도 목양의 주제는 찾아볼 수 없다. 오히려 키는 표적 자료에만 관심한다. H. C. Kee, *Understanding the New Testament* Fourth edition, (New Jersey, Englewood Cliffs: Prentice-Hall, Inc, 1983), 150, 155-156, 158-162.
212) 서중석, "요한공동체의 기원과 성장," 「신학논단」 18(1989), 119-125.

한공동체의 영성 그룹을 상상하는 것이 요한복음 해석의 중요한 열쇠가 될 것이다.

　본 논문의 연구 방법은 사회학적 성서해석과 요한복음과 다른 복음서를 비교하는 방법을 사용하였다. Ⅱ 장에서는 요한공동체의 정황 속에서 요한공동체의 형성 과정과 핵심 그룹인 영성 그룹의 존재와 영성적 특징을 밝힐 것이다. Ⅲ 장에서는 예수의 목양 영성 내용을 집중적으로 다룰 것이다.

II. 요한공동체의 정황

요한공동체213)의 정황을 추적하기 위해서는 먼저 유대교 회당과 요한공동체의 대립 관계를 살펴보아야 한다. 요한복음에는 유대교 회당과 요한공동체가 전면 대립을 하는 본문과 부분 대립을 하는 본문이 함께 공존한다. 먼저 유대교 회당과 요한공동체가 전면 대립하는 본문을 살펴보겠다.

1. 유대교 회당과 요한공동체의 전면 대립

세퍼드(Massey H. Shepherd)는 요한은 요한복음의 많은 곳에서 '유대인'을 논쟁적인 목적으로 제시하고 있으며, 예수 그리스도의 계시에 대한 '세상'의 광범위한 불신을 표현하기 위해 '유대인'이라는 용어를 사용했다고 한다. 그러나 '유대인 그리스도인'(Jewish Christians)과 '유대인'은 구별하고 있다고 한다.214) 쿡(Michael J. Cook)도 요한은

---

213) *Ibid.,* 109-110. 서중석은 요한공동체의 존재를 인정한다. 요한은 요한복음 안에 일인칭 복수를 사용하여(1:14; 3:1-15; 3:16-21; 14:25-26), 자신과 자신이 속한 공동체의 흔적을 남겨놓았다고 한다. 따라서 요한이 전하는 예수의 옛이야기 속에는 요한(요한공동체)의 현재 모습이 직접, 간접적으로 반영되어 있다고 한다. 반면에 멘데즈는 공동체 또는 학파라는 용어는 대인 관계 또는 권한을 부여하는 기관이므로 요한의 전체 작가들에게는 적합하지 않다고 한다. Hugo Méndez, "Did the Johannine Community Exist?," *JSNT* 42(2020), 369.

역사가나 논쟁가가 아니라 신학자로서 유대인을 불신앙의 상징으로 선택하고, '유대인'이라는 단어를 쓸 때는 조롱의 의미로 썼으며, 예수를 반대하는 자로 사용하고 있다고 한다.215) 실제로 요한복음 9장 22절에서 맹인이 눈을 뜨자 유대인들이 맹인이 보게 된 것을 믿지 않고 치유의 원인을 부모에게 묻는다. 그러나 부모는 "지금 어떻게 해서 보는지 또는 누가 그 눈을 뜨게 하였는지 우리는 알지 못하나이다."(요 9:21)라고 하며 질문을 회피한다. 요한은 "그 부모가 이렇게 말한 것은 이미 유대인들이 누구든지 예수를 그리스도로 시인하는 자는 회당으로부터 출교 하기로 결의하였으므로 그들을 무서워함이라."(요 9:22)라고 했다. 키가 명료하게 지적했듯이, 요한복음 9장 22절에 회당에서 출교 당한다는 용어는 기원후 90년에 있었던 얌니아(Jamnia 혹은 Yavneh) 회의 이전에는 사용된 적이 없다고 한다.216) 서중석도 요한복음은 출교(요 9:22; 12:42; 16:2) 후의 경험을 반영한다고 한다.217) 이 말은 요한공동체의 삶의 자리가 주후 90년 얌니아 회의 이후일 가능성을 시사하는 것이다. 한편, 마가복음은 "공회에 넘겨주겠고 너희를 회당에서 매질하겠으며"(막 13:9)라고 했고, 마태복음은 "너희를 공회에 넘겨주겠고, 채찍질하리라."(마 10:17)라고 했다. 마가복음과 마태복음은 공회에 넘기고 "채찍질"을 한다. 그러나 요한복음은 "출교"를 한다. 요한복음의 표현이 더 강하다. 따라서 요한이 '출교'라는 용어를 썼다는 것은 이미 유대교 회당과 요한공동체가 전면 대립을 하는 상황을

---

214) Massey H. Shepherd, "The Jews in the Gospel of John Another Level of Meaning," *ATR* 3(1974), 95-96, 103-104.

215) Michael J. Cook, "The Gospel of John and the Jews," *Review & Expositor* 84(1987), 264, 267-268.

216) H. C. Kee, *Understanding the New Testament,* 151.

217) 서중석은 요한이 '출교'를 뜻하는 'ἀποσυνάγωγος'라는 헬라어 형용사 대신에 '쫓아내다'(ἐκβάλλω)라는 단어를 사용해도 무관한 곳에서도 세 번에 걸쳐 '출교'라는 단어를 의도적으로 사용한 것은 요한 그룹이 출교 당한 경험을 반영한다고 보는 것이 더 자연스럽다고 한다. 서중석, "요한복음에 대한 사회심리학적 해석," 「신약논단」 19(2012), 116.

반영하고 있다고 추정할 수 있다.

　나아가 요한복음 10장 8절에서 예수는 "나보다 먼저 온 자는 절도요 강도니 양들이 듣지 아니하였느니라."라고 했다. 이 말은 예수가 유대교 회당의 유대인들을 두고 한 말이다(요 10:19). 더 나아가 요한복음 11장 53절에는 대제사장과 바리새인들이 예수를 죽이려고 한다. "이 날부터는 그들이 예수를 죽이려고 모의하니라."라고 했다. 아울러 요한복음 11장 57절에도 대제사장과 바리새인들이 "예수가 있는 곳을 알거든 신고하여 잡게 하라."라고 했다. 또한, 요한복음 12장 42절은 유대교 회당 내에 출교 당할 것을 두려워하는 자들이 있었다. "관리 중에도 그를 믿는 자가 많되 바리새인들 때문에 드러나게 말하지 못하니 이는 출교를 당할까 두려워함이라."라고 했다. 또한, 요한복음 16장 2절에 "사람들이 너희를 출교 할 뿐만 아니라"라고 했다. 이것은 출교가 이미 시작되고 있음을 암시한다. 한편, 요한복음 19장 38-42절에는 예수가 죽은 뒤 무덤에 안치되었을 때 아리마대 사람 요셉이 찾아온다. 이때 요셉에 대해 "예수의 제자이나 유대인이 두려워"(요 19:38)라고 했다. 마태복음은 "그도 예수의 제자라"(마 27:57)라고 했다. 오직 요한복음만이 예수의 제자이나 유대인이 "두려워"($\phi\acute{o}\beta ov$)라는 단어를 부가한다. 다른 복음서에는 "두려워"라는 단어가 없다(마 27:57; 막 15:43; 눅 23:50-51). 요한복음에서만 아리마대 요셉이 유대인을 두려워한다는 것은 유대교 회당과 요한공동체가 전면 대립의 상태에 있다는 것을 추정하게 한다. 또 한편, 요한복음 20장 19절에서 부활한 예수가 제자들을 찾아왔을 때도 "제자들이 유대인들을 두려워하여 모인 곳의 문들을 닫았더니"라고 했다. 여기에 "문들"($\Theta v\rho\tilde{\omega}v$)이라고 복수를 쓰고 있다. 이것은 제자들이 유대인을 두려워하여 여러 개의 문을 닫은 것이라고 짐작할 수 있다. 다른 복음서에는 "두려워하여"($\phi\acute{o}\beta ov$)라는 단어가 없다(마 28:16-17; 막 16:14; 눅 24:37). 누가복음의 제자들은 유대인들을 두려워하지 않고 오히려 부활한 예수를 보고 두려워한다(눅 24:37). 이상의 구절들을 보면 유대교 회당과 요한공동체가 전면 대립을 하고 있다고 추정할 수 있다. 서중석도 전면 대립을 전제하고 요한공동체는 유대인들로부터 당한 출교와 박해, 그리고 그로 인한 사회적 종교적, 심리적 소외감이 요한공동체 구성원들에게 가장 큰 당면 문제였다고 한다.218) 그러나 서중석은 출교에만 초점을 맞추었기 때문에 전면 대립만을 전제하는 부당 전제의 오류에 빠졌다. 요한복음에는 유대교 회당과 요한공동체가 전면 대립하는 본문도 있지만 동시에 부분 대립을 하는 본문도 함께 공존하기 때문이다. 다음 장에는 유대교 회당과 요한공동체가 부분 대립하는 본문을 살펴보겠다.

2. 유대교 회당과 요한공동체의 부분 대립

마틴(J. L. Martyn)은 요한복음에는 유대교 회당에서 출교 당한 구성원들의 출교 과정이 점진적으로 나타난다고 한다. 곧 요한복음 9장 22절은 유대교 회당과 요한공동체 사이의 극적인 상호작용의 경험이 반영되어 있고, 유대교 회당 안에 예수를 메시아로 고백하는 사람들과 회당의 유대인들이 양립하고 있다고 한다. 그런데 요한복음 9장 28절에 가면 예수를 메시아로 동의한 후에는 더는 이중 헌신은 가능하지 않으며, 더 나아가 요한복음 12장 42절에는 바리새인들 때문에 회당 안에서 믿는 자들이 많지만, 출교를 당할까 두려워하게 되며, 이 과정에서 요한공동체의 '유대교적 그리스도인들'은 회당에서 공식적으로 출교를 당하게 된다고 한다.219) 이처럼 마틴은 유대교 회당에서 '유대교

---

218) 서중석, "요한공동체의 기원과 성장," 126.

적 그리스도인들'이 점진적으로 출교 당한 것으로 본다. 그러나 서중석은 마틴을 비판하면서 마틴은 그 어느 곳에서도 요한공동체와의 관련 속에서 마땅히 취급해야 하는 '예수께서 사랑하는 제자'(이후 '사랑하는 제자'로 표기함)의 역할을 거의 취급하지 않았다고 한다. 나아가 마틴이 요한공동체의 구성원들을 회당으로부터 축출된 '유대교적 그리스도인들'로만 이루어진 것으로 추정하는 것은 설득력이 약하다고 한다. 곧 요한공동체에 있는 사마리아인들, 이방인들, 세례 요한의 제자들, 갈릴리인들, 사도 계열의 그리스도인들의 실체를 간과한 추정이라고 한다.220) 요한공동체의 구성원의 구성 관점으로 보면 마틴보다는 서중

---

219) 마틴은 이러한 정황이 유대교 문서에서 발견된다고 한다. 곧 성전 파괴 이후에 유대인들은 얌니아에 모여서 *Takkanoth*를 출판하게 되는데 이 안에 물론 아직 완전히 확정된 것은 아니지만 '18 축복'(*the Eighteen Benediction*)으로 알려진 축복 기도문 가운데 하나가 이단 저주 법령(*Minim* 혹은 *the Birkath ha-Minim*)에 관한 것이었다고 한다. 따라서 요한복음 9장 22절에 "유대인들이 이미 결의하였으므로"라는 표현은 가말리엘 II세 아래에서 기독교인 이단을 간과한 의미로 *Birkath ha-Manim*을 되풀이하는 행동이라는 것이다. 특히, 요한복음 9장 22절의 유대인들은 얌니아 아카데미를 언급하는 요한의 방식이라고 한다. 특히, 마틴은 요한복음 16장 2절을 보면 이미 요한공동체의 구성원들은 이단으로 낙인찍혀 회당으로부터 출교를 당한 상태를 보여 준다고 한다 J. L. Martyn, *History and Theology in the Fourth Gospel,* (Nashville: Abingdon, 1979), 37-40, 53-54, 56, 61.

220) 서중석, "요한복음서의 베드로와 애제자," 「신학논단」 19(1991), 31-39. 서중석은 위의 논문에서 '사랑하는 제자'의 정체에 대한 연구사를 간결하게 요약한다. 그러면서도 막상 '사랑하는 제자'가 누구인지 밝히지는 않는다. 또한, 서중석은 요한 그룹은 태동기에 유대교 회당 내의 한 그룹의 형태로 있다가 출교 후에 유대교 회당과는 다른 그룹이 됐다고 한다. 서중석, "요한복음에 대한 사회심리학적 해석," 117. 그렇다면 이때 서중석이 강조하는 '사랑하는 제자'도 초기에는 유대교 회당 내에 있었다는 말인가? 서중석은 여기에 대해서는 침묵한다. 오히려 '사랑하는 제자'와 예수의 어머니 마리아와 그들을 추종하는 일부 사람들은 예수의 승천 이후 유대교 회당 밖에서 요한공동체의 핵심 그룹을 형성하고 있었고, 그 후에 유대교 회당에서 자발적으로 이탈한 사람들과 후에 강제적으로 출교를 당한 사람들이 합류했다고 보는 것이 정황상 합리적인 추론으로 보인다.

석이 더 설득력이 있어 보인다. 그러나 요한공동체의 형성 과정으로 보면 마틴이 주장한 유대교 회당에서의 점진적인 출교가 더 합리적이다. 그러나 마틴에게도 약점이 있다. 마틴은 '유대교적 그리스도인들' 가운데 유대교 회당에서 공식적으로 출교 당하기 이전에 자발적으로 회당을 이탈한 사람들을 간과하고 있기 때문이다.221) 실제로 요한공동체의 초기에 유대교 회당에서 자발적으로 이탈한 사람들이 '사랑하는 제자'와 예수의 어머니 마리아가 중심이 된 핵심 그룹에 합류했을 가능성이 높다. 카나가라즈(J. J. Kanagarraj)도 요한복음에는 여자들의 역할이 현저하게 강조되어 있다고 한다. 특히, 예수의 어머니 마리아의 역할을 강조한다.222) 따라서 유대교 회당의 공식적인 출교 이전에 자

---

221) 유대교 회당으로부터 자발적으로 이탈한 대표적인 사람들은 눈뜬 맹인
(요 9:17), 일부 유대인들(요 10:21), 많은 유대인(요 12:11), 관리(요 12:42),
너희(요 16:2), 나다나엘(요 1:47-50), 아리마대 요셉(요 19:38), 그리고 니고
데모(요 3:1-15; 7:51; 19:39) 같은 사람들이었을 것이다. 특히, 마틴에 의하
면, 니고데모는 '비밀 신자'였다고 한다. Martyn, *History and Theology in
the Forth Gospel*, 87. 렌스버거도 니고데모와 세례 요한을 따르는 자들은
'비밀 그리스도인'을 대표한다고 한다. D. Rensberger, *Johannine Faith
and Liberating Community*, (Philadelphia: Westminster Press, 1988), 57.
물론, 서중석은 니고데모가 유대교와 요한공동체의 경계상의 인물이라고
해도 요한이 '우리'(요 3:11)라고 하는, 곧 요한공동체의 이상적 구성원은
되지 못한다고 한다. 서중석, "요한공동체의 형태," 「신학논단」 62(2010):
111. 그러나 요한복음 3장에 나오는 니고데모는 서중석의 입장을 지지한다고 하
더라도 요한복음 7장 51절에서 니고데모가 예수를 옹호하는 발언과 19장 39절에
서 예수의 무덤에 몰약과 침향을 가지고 찾아간 것을 종합적으로 평가한다면 서
중석의 주장은 설득력이 약화된다.
222) 카나가라즈에 의하면, 예수의 어머니 마리아는 예수 사역의 시작(요
2:1-12)과 마지막(요 19:25-27)에 나타난다. 가나의 혼례 잔치에서 예수의
어머니 마리아는 믿음의 행동을 한다. 예수의 어머니 마리아는 열두 제자
를 능가하는 예수의 믿음 있는 제자와 리더의 모델이 된다. 예수의 어머니
마리아는 새로운 공동체의 대표로서 예수께서 사랑하는 제자와 함께 십자
가 앞에 서 있다(요 19:25-27). 나아가 요한은 예수의 공적 사역을 사마리
아 여자에게 행한다(요 4:3-42). 요한은 예수를 메시아로 고백하는 사마리
아 여자에게 사도적 지위를 준다. 더 나아가 베다니의 마리아와 마르다는
헌신, 희생, 섬김, 믿음, 사도적 증인을 갖춘 교회의 이상적인 리더십을 가

발적으로 이탈한 사람들이 '사랑하는 제자'와 예수의 어머니 마리아와 함께 요한공동체의 핵심 그룹을 형성했을 것이다.

한편, 요한복음 9장 16절을 보면 맹인이 눈을 뜬 것 때문에 바리새인끼리 둘로 나뉜다. 맹인의 부모는 유대인들을 두려워하지만, 맹인은 예수를 선지자로 고백한다(요 9:17). 유대인들이 맹인에게 예수는 죄인이니까 "너는 하나님께 영광을 돌리라."(요 9:24)라고 하자 맹인은 "그가 죄인인지 내가 알지 못하나 한 가지 아는 것은 내가 맹인으로 있다가 지금 보는 그것이니이다."(요 9:25)라고 하면서 예수의 죄인 됨을 인정하지 않는다. 유대인들이 거듭 예수가 어떻게 보게 했는지 묻자 맹인이 "당신들도 그의 제자가 되려고 하느냐"(요 9:27)라고 하면서 오히려 유대인들을 공격한다. 그러자 유대인들이 "너는 그의 제자이나 우리는 모세의 제자라"(요 9:28)라고 반박한다. 더 나아가 맹인은 예수를 메시아로 고백한다. "주여(κύριε) 내가 믿나이다 하고 절하는지라."(요 9:38)라고 했다. 이것을 보면 맹인은 유대교 회당을 두려워하지 않는다. 따라서 맹인의 부모가 아직 회당에서 출교 될까 두려워하는 사람의 모델이라면, 맹인은 자발적으로 이탈하여 요한공동체에 합류한 사람의 모델로 보인다. 이런 분위기는 아직은 유대교 회당과 요한공동체가 전면 대립이 아니라 부분 대립을 하는 정황을 방증(傍證) 한다고 볼 수 있다.

또 한편, 비슬리-머레이(George R. Beasley-Murray)는 만약 구원이 유대인들에게 먼저 왔다면 그다음은 유대인으로부터 이방인들에게 가야 한다고 생각한다. 따라서 머레이는 요한복음 10장 16절의 "우리 밖에 있는 양"을 이방인이라고 한다.223) 머레이같이 키도 요한의 양

진 자들로 소개한다. 더 나아가 막달라 마리아는 예수의 수난과 부활에 나타나며(요 19:25; 20:1-18), 예수의 부활을 목격했다는 점에서 사도적 의미가 있으며, 베드로와 바울같이 사도적 지위를 얻는다고 한다. J. J. Kanagarraj, "The Profiles of Women in John: House-Bound or Christ-Bound?" *ERT* 27(2003), 28-31, 34, 40-41.

223) George R. Beasley-Murray, *John*, (Waco, Texats: Word Books, Publisher,

떼와 목자에 대한 묘사는 에스겔과 날카롭게 대비를 이룬다고 한다. 곧 요한공동체는 포괄적인 공동체라는 것이다. 따라서 우리에 들지 않은 "다른 양"은 믿는 유대인들과 함께 하나님의 새로운 양 떼를 구성하게 될 비이스라엘인들이라고 한다.224) 서중석은 머레이와 키와는 달리, "우리에 들지 않은 다른 양"은 사마리아 전향자(요 4:39, 40-42)와 이방인 전향자(요 12:20-23), 세례 요한의 제자 중 일부 전향자(요 1:35 이하), 갈릴리 전향자(요 2:11; 4:43-54; 7:1) 그룹이라고 한다. 이들은 요한공동체에 알려진, 그러나 그 구성원들로부터 독립된 '믿는 자들'을 뜻한다고 한다.225) 머레이나 키보다는 서중석이 더 구체적으로 "다른 양"의 정체를 특정한다. 그러나 서중석의 추정은 빗나간 것이다. 만약 서중석의 말대로 이들이 요한공동체에 알려진 '믿는 자들'이라고 한다면 이들은 그가 말한 전향자 그룹이라기보다는 오히려 미래형으로 말하는 것을 보면 아직 유대교 회당에서 자발적으로 이탈하지 않은 사람들을 가리킨다고 보아야 한다. 따라서 머레이나 키, 그리고 서중석은 유대교 회당에서 자발적으로 이탈한 사람들을 간과하고 있다. 오히려 여기에 "우리에 들지 아니한 다른 양"(요 10:16)은 이방인들이나 여러 전향자 그룹이라기보다는 아직 유대교 회당에 있지만, 앞으로 요한공동체에 속하게 될 구성원들을 지칭한다고 보아야 한다. 따라서 이런 상황이 곧 올 것으로 긍정적으로 전제하는 분위기는 아직은 유대교 회당과 요한공동체가 부분 대립을 하는 상황을 넌지시 암시하는 것으로 보인다.

또한, 요한복음 10장 19절에서 예수가 자신을 선한 목자로 양들을 위해 목숨을 버린다고 하자 유대인들 간에 분쟁이 일어난다. "이 말씀으로 말미암아 유대인 중에 다시 분쟁이 일어나니"라고 했다. 여기에서 "다시" 분쟁이 일어났다고 하는 것을 보면 예수 때문에 유대인끼리

1987), 171.
224) H. C. Kee, *Understanding the New Testament*, 167.
225) 서중석, "요한공동체의 기원과 성장," 116-119, 123-124.

'이미' 분쟁이 있었음을 암시한다. 이 본문에서도 어떤 유대인은 "그가 귀신 들려 미쳤거늘 어찌하여 그 말을 듣느냐"(요 10:20)라는 말을 하는 사람이 있는가 하면, "귀신이 맹인의 눈을 뜨게 할 수 있느냐"(요 10:21)라며 반박하는 사람도 있다. 이처럼 유대교 회당에서 예수를 비난하는 사람도 있고, 공개적으로 옹호하는 사람도 있다는 것은 아직은 전면 대립이 아니라 부분 대립을 하는 것을 보여주는 증거라고 할 수 있다. 나아가 요한복음 12장 19절에 바리새인들이 서로 말하되 "볼지어다 너희 하는 일이 쓸데없다 보라 온 세상이 그를 따르는도다."라고 했다. 이것을 보면 유대교 회당 내부에 극단적으로 예수를 죽이려는 자들, 심지어 나사로까지 죽이려는 자들(요 12:10)이 있었는가 하면, "나사로 때문에 많은 유대인이 가서 예수를 믿는"(요 12:11) 자들도 있었다. 여기의 "가서"(ὑπῆγον)와 "믿었다"(ἐπίστευον)라는 동사는 미완료 과거로서 그 동작들이 계속되었다는 뜻이다.226) 이런 분위기는 아직은 강제적 출교를 통한 전면 대립의 상태가 아니라 자발적으로 이탈하는 분위기를 간접적으로 시사한다. 일부 유대인들이 요한공동체와 전면 대립을 희망하지만 적극적으로 지지를 받지 못하는 상황 때문에 아직은 강제적으로 출교 할 수는 없고, 부분 대립의 상태를 유지할 수밖에 없는 상황에 부닥쳐 있었다고 추정할 수 있다.

이처럼 요한복음에는 유대교 회당과 요한공동체가 전면 대립과 부분 대립하는 본문이 함께 공존한다. 그러면 왜 요한복음에는 이 모순되는 두 대립 본문이 함께 공존하는 것인가? 요한은 유대교 회당과 부분 대립의 상황에서 자발적으로 이탈한 구성원들과 유대교 회당과 전면 대립의 상황에서 강제적으로 출교 당한 구원성이 현재 요한공동체의 핵심 그룹을 형성하고 있기 때문에 이 두 구성원 중 어느 구성원만을 지지하지 않고 두 구성원 모두를 지지하고, 동등한 지도력을 부여해 줄 필요가 있었기 때문에 두 개의 대립 본문들을 공존시켰던

---

226) 서중석, "요한복음에 대한 사회심리학적 해석," 131.

것이다. 그러면 요한공동체의 핵심 그룹의 존재와 영성적 특징은 무엇이었는가? 이 주제는 다음 장에서 살펴보겠다.

3. 요한공동체의 영성 그룹

요한공동체는 어떤 성격의 공동체였는가? 믹스(Wayne A. Meeks)는 요한복음의 언어 패턴은 유대교의 논리를 무너뜨리고 점진적으로 종파적 의식을 강조하는 효과를 가진다고 한다.227) 키도 사회학적으로 말한다면, 요한공동체는 소종파이며, 이 그룹은 인간적으로는 힘이 없지만 하나님의 사랑을 공유할 수 있다는 확신 때문에 자신감을 가지고 살아가는 그룹이라고 한다.228) 서중석은 믹스나 키보다 한 걸음 더 나아가 소종파의 내부를 조금 더 자세히 관찰하면서 요한공동체의 형태를 세 가지로 제시한다. 곧 소종파적 성령공동체, 영과 진리로 예배하는 공동체, 그리고 서로 사랑을 지향하는 공동체라고 한다.229) 믹스, 키 그리고 서중석은 요한공동체가 소종파라는 데는 모두 동의한다. 그러나 이들은 모두 요한복음에 현저하게 나타나는 목양 주제에 대해서는 주목하지 못했다. 요한공동체가 소종파로 모이게 된 동기는 예수의

---

227) Wayne A. Meeks, "The Men from Heaven in Johannine Sectarianism," *JBL* 91(1972), 71.

228) H. C. Kee, *Understanding the New Testament,* 170. 왕도 요한복음을 종파 이론으로 분석한 결과 요한공동체는 종파이거나 적어도 종파의 특성을 가지고 있다고 한다. Nathanael Xue-sheng Wang, "An Estranged Sect: The Sectarian Characteristics of Johannine Community," *TJT* (2018), 130-147, 특히 133.

229) 서중석, "요한공동체의 형태," 109-125.

목양 영성을 통하여 유대교 회당이나 다른 그룹과는 차별화된 목양적 돌봄을 받고 싶었기 때문이다.

한편, 요한공동체에는 몇 개의 그룹이 있었나? 서중석은 요한공동체는 두 개의 주요 그룹이 존재했다고 한다. 첫째는 요한 저자가 속한 '사랑하는 제자'(요 13:23; 19:26; 21:7, 20)를 따르던 애제자 계승자들 그룹이며, 둘째는 그들과 경쟁하는 다른 그룹이 있었다고 한다. 서중석은 1989년에 발표한 그의 논문에서 이 경쟁하는 다른 그룹을 '사도계 그리스도인들 그룹'이라고 명명한다.[230] 그러나 서중석의 가설은 부분적으로만 설득력을 얻는다. 요한공동체에는 적어도 세 개의 주요 그룹이 있었다고 보아야 한다. 곧 첫째는 '사랑하는 제자'와 예수의 어머니 마리아가 주축이 되고, 유대교 회당에서 자발적으로 이탈한 구성원과 훗날에 강제적으로 출교 당한 구성원들이 결성한 핵심 그룹인 영성 그룹, 둘째는 요한공동체와 경쟁 관계에 있는 사도 계열의 그리스도인들 그룹, 셋째는 여러 다양한 전향자들의 그룹이다. 이 세 그룹은 요한공동체 안에서 연합 공동체를 이루었을 것으로 추정된다.

---

230) 서중석은 1989년에 발표한 그의 논문에서 "요한복음에서 베드로를 상징적인 지도자의 모델로 삼고 있는 사도 계열의 그리스도인들과 '사랑하는 제자'를 상징적인 지도자의 모델로 삼고 있는 요한공동체 구성원들이 서로 경쟁적인 관계에 있었던 것으로 보도되고 있다."라고 했다. 서중석, "요한공동체의 기원과 성장," 120. 여기서 서중석은 경쟁 그룹을 '사도계 그리스도인들 그룹'이라고 밝히고 있다. 그러나 2012년에 출판한『요한복음해석』에서는 경쟁 그룹이 누구인지 특정하지 않는다. 두 그룹이 같은 그룹인지 아니면 다른 그룹인지도 명확하게 밝히고 있지 않다. 또한, 서중석은 애제자 그룹과 경쟁하는 또 하나의 그룹인 '성령 고수 그룹'에 대해서 언급한다. 나아가 종말론에 있어서는 '비묵시문학적 종말론 그룹'과 '묵시문학적 종말론 그룹'의 갈등과 결별, 더 나아가 고별 기도(요 17:1-26)에서는 하나 됨의 주제를 거부한 경쟁그룹이 또 있다고 한다. 그렇다면 이 그룹들은 또 어떤 그룹들인가? 요한공동체 그룹인가? 아니면 사도계 그리스도인들 그룹인가? 아니면 제3의 그룹인가? 다만 서중석은 '비묵시문학적 종말론 그룹'은 요한공동체에 강력한 영향력을 미쳤다고만 말할 뿐 나머지 그룹들이 어느 그룹에 속했는지는 구체적으로 명시하지 않는다. 서중석, 『요한복음해석』 (서울: 대한기독교서회, 2012), 99, 143, 148-149, 182.

또 한편, 요한공동체의 핵심 그룹인 영성 그룹은 실제로 예수의 목양 영성을 계승한 그룹이었나? 키는 요한복음 자체에서도 '사랑하는 제자'는 예수가 죽은 후에 오래 살지 않았다는 암시가 분명하며, 설사 오래 살았다고 하더라도 요한복음의 저자라기보다는 관찰자로 나타난다고 한다.231) 키의 주장대로 '사랑하는 제자'가 요한복음의 저자가 아니라고 하더라도 요한공동체의 핵심 리더일 가능성은 있다. 그러나 '사랑하는 제자'가 요한공동체의 유일한 핵심 리더는 아니다. 또 한 사람의 핵심 리더로서 예수의 어머니 마리아를 배제해서는 안 된다. 예수의 어머니 마리아는 '사랑하는 제자'와 함께 요한공동체를 세우고 예수의 목양 영성을 계승시킨 핵심 리더였을 가능성이 높다.232) 카나가라

---

231) H. C. Kee, *Understanding the New Testament*, 152. 그러나 찰스워즈와 보컴과 스트라마라는 달리 해석한다. 찰스워즈는 요한복음의 저자가 직접적 혹은 간접적으로 쿰란의 정신을 계승했다고 한다. 곧 쿰란의 사해사본과 요한복음과의 개념적 세계관, 신학, 이원론에서 연관성이 있다고 한다. 그렇다고 요한복음 저자가 쿰란 사람이라고 말하지는 않는다. 찰스워즈는 약간 아마도 많은 쿰란 사람이 예수의 그룹에 합류했을 가능성이 있으며, 심지어 요한공동체의 약간의 사람은 쿰란의 에세네파 사람이었을 가능성이 있다고 한다. James H. Charlesworth, "Reinterpreting John: How the Dead Sea Scrolls Have Revolutionized Our Understanding of the Gospel of the John," *BR* 9(1993), 19-25. 보컴은 '사랑하는 제자'는 이상적인 제자가 아니라 이상적인 저자이며, 요한복음 21장 24절은 '사랑하는 제자'가 요한복음의 저자라는 것을 보여주고 있고, 요한복음에서 그의 익명성은 그의 정체성을 숨기려는 것이 아니라 서사 속의 등장인물인 저자를 다른 저자와 구별해 주는 문학적 장치라고 한다. Richard Bauckham, "The Beloved Disciple as Ideal Author," *JSNT* 49(1993), 24, 29-33, 44, 특히 44. 이에 비해, 스트라마라(Daniel F. Jr Stramara)는 요한복음을 교차 대구법(chiasm)으로 연구하여 '사랑하는 제자'가 곧 '사도 요한'이라고 한다. Daniel F. Jr Stramara, "The Chiastic Key to the Identity of the Beloved Disciple," *VTQ* 53(2009), 7, 11-27, 특히 27.

232) 쿨 페퍼는 '사랑하는 제자'에게 예수의 어머니를 부탁한 것은 다른 복음서에는 없는 요한복음에만 있는 것이며, 예수는 죽기 전에 예수의 어머니 마리아를 '사랑하는 제자'에게 맡기는 새로운 가족을 창조했다고 한다. R. A. Culpepper, "The Quest for the Church in the Gospel of John," *Interpretation* 63(2009), 352.

즈도 요한복음 19장 26절에 나오는 예수의 어머니 마리아는 더 이상 육신적으로 나약한 존재가 아니라 새로운 공동체의 대표로서 '사랑하는 제자'와의 관계 속에 있다고 한다. 요한은 남자와 여자로 구성된 공동체를 상상했다는 것이다.233) 지금까지는 주로 요한복음의 핵심 리더로 '사랑하는 제자'만 부각한 경향이 있지만 카라가라즈가 주목한 예수의 어머니 마리아도 동시에 주목해야 한다. 곧 여자와 남자로 구성된 요한공동체의 핵심 리더를 상상하는 것이 더 설득력이 있다. 이들은 요한공동체에 예수의 목양 영성을 계승시킨 영성 그룹의 중심인물이었을 것이다.

또한, 요한공동체의 영성 그룹은 무엇으로 여러 그룹을 공존시켰나? 발데(Urban C. von Wahlde)는 요한복음에는 수많은 히브리어와 아람어 용어, 모세 모형론, 전통적인 유대인 기독론 사용에서 알 수 있듯이 그 공동체는 확실히 유대교 그리스도인 공동체였다고 한다.234) 쿨페퍼(R. A. Culpepper)도 요한공동체는 예수 안에서 그들의 메시아적 기대의 성취를 발견한 유대인 그룹 안에서 기원했으며, '사랑받는 제자'의 가르침은 동료 유대인들을 위한 강론으로 구체화하였고, 그래서 요한의 전통은 히브리어 성경과 그 해석에 특히, 지혜 전승에 깊이 뿌리를 두고 있다고 한다.235) 그러나 발데와 쿨페퍼의 추정과는 달리,

---

233) Kanagarraj, "The Profiles of women in John: House-Bound or Christ-Bound?" 31.

234) Urban C. von Wahlde, "Community in Conflict: The History and Social Context of the Johannine Community," *Interpretation* (1995), 380.

235) R. A. Culpepper, "The Gospel of John and the Jews," *Review & Expositor* 84(1987), 281-282. 쿨페퍼는 예수를 믿는 유대인들이 유대교 회당으로부터의 잊을 수 없는 출교 사건이 요한복음 9장 22절, 12장 42절, 16장 2절에 반영되었다고 한다. 특히, 쿨페퍼는 유대교 회당 내에 요한공동체와 유대교 회당 둘을 붙잡고 있었던 '비밀 신자들'(secret believers)이 있었다고 한다. 아마도 이들은 자발적 이탈을 하거나 혹은 출교를 당한 후에 요한공동체에 합류한 구성원이었을 것이다.

요한공동체에는 다른 구성원들도 함께 공존하고 있었다. 곧 사마리아 그룹, 세례 요한의 제자 그룹, 헬라인들의 그룹, 사도 계열의 그리스도인들 그룹 등 종교와 인종과 신학이 서로 확연히 다른 그룹들이 모인 이질적인 성격을 띤 공동체였다. 따라서 요한공동체가 당면한 시급한 과제는 공동체 내에 다양한 그룹들이 서로 사랑을 통하여 통합해야 하는 문제였다. 한편, 신더(G. F. Synder)와 발데는 요한복음에는 베드로는 열등하고, '사랑하는 제자'는 우월하게 묘사하고 있다고 한다. 특히, 요한복음 13장 16절은 반 베드로적인 요소가 있다고 한다.236) 그러나 보컴(Richard Bauckham)은 신더와 발데와는 달리, 베드로와 '사랑하는 제자'는 두 가지 다른 종류의 제자도를 보여주고 있다고 한다. 곧 베드로는 활동적인 봉사(active service), '사랑하는 제자'는 통찰력 있는 증거(perceptive witness)의 제자도를 보여주고 있으며, 두 사람은 경쟁자가 아니고, '사랑하는 제자'가 베드로보다 우월성을 가지는 것도 아니라 다만 역할이 다르다고 한다. 더 나아가 '사랑하는 제자'는 이상적인 증거자이며, 이상적인 저자라고 한다.237) 베드로와 '사랑하는 제자'를 갈등 관계로 비교한 신더나 발데보다는 역할론의 관점에서 비교한 보컴이 더 설득력이 있어 보인다. 그러나 보컴에게도 한계가 있다. 베드로와 '사랑하는 제자'를 목양의 관점에서 공존시키는 데까지는 나아가지 못했기 때문이다. 만약 요한복음에 현저하게 나타나는 목양

------

236) 신더는 요한복음의 8개 본문(요 1:35-51; 6:66-71; 13:1-30; 13:36-38; 18:1-27; 19:26 이하; 20:1-10; 21:1-23)에서 베드로와 '사랑하는 제자'를 비교하면서 '사랑하는 제자'가 베드로보다 우월하다고 한다. G. F. Synder, "John 13:16 and Anti-Petrinism of the Johannine Tradition," *BR* 169(1971), 6, 9-13. 발데도 베드로보다 '사랑하는 제자'가 우수한 사람(superior)으로 나타난다고 한다. Urban C. von Wahlde, "Community in Conflict: The History and Social Context of the Johannine Community," 383-384; Nathanael Xue-sheng Wang, "An Estranged Sect: The Sectarian Characteristics of Johannine Community," 143-147, 특히 143.

237) Richard Bauckham, "The Beloved Disciple as Ideal Author," 35-44, 특히 35.

의 주제로 이 두 사람의 관계를 해석하면 상황은 달라진다. 두 사람을 목양의 관점에서 해석하면 경쟁에서 연합과 공존의 관계로 무게 중심이 이동된다. 그런 차원에서 프리델(V. Friedell)이 예수가 제자들의 발을 씻어주는(요 13:1-17) 행위를 '형제들의 사명'(a mission of Brethren)이라고 해석한 것은 요한공동체 내부의 서로 사랑해야 하는 필요성을 갈파한 정곡을 찌른 탁월한 통찰이라고 생각한다.238) 특히, 요한공동체를 주도한 영성 그룹은 예수의 목양 영성을 통하여 이질적인 여러 그룹을 서로 사랑의 공동체로, 친구가 되는 공동체로, 경쟁이 아닌 공존과 연합과 통합하는 공동체가 되도록 목양했다. 쿨 페퍼도 요한은 교회의 일치를 강력하게 강조하고 있으며(요 10:16; 11:52; 17:20 이하), 이러한 교회의 본질은 고별 담화(요 13:31-16:1-33)에서 제자들끼리 서로 사랑하라는 것에서 발견할 수 있다고 한다.239) 요한공동체의 영성 그룹은 사도 계열의 그리스도인들 그룹이 역사적 예수에게서 위임받았던 목양 영성을 이양받아 더욱더 심화시킴으로 두 그룹 간에 경쟁이 아닌 일치와 연합과 공존을 모색했다. 실제로 요한복음 20장 2절에서 막달라 마리아가 무덤에 돌이 옮겨진 것을 보고 베드로와 예수께서 사랑하시는 다른 제자에게 달려갔다고 보도한다. 다른 복음서에는 '사랑하는 제자'의 언급이 없다. 마태복음에는 제자의 이름이 나오지 않고, 마가복음 16장 7절에는 "그의 제자들과 베드로에게 이르기를"라고 했다. 누가복음 24장 12절에는 베드로가 일어나 무덤으로 달려간다. 이에 비해, 요한복음에는 베드로와 함께 '사랑하는 제자'가 나온다. 신더는 베드로가 빈 무덤에 먼저 도착했지만 부활한 주님을 알아보지 못한 것에 비해, '사랑하는 제자'는 부활한 주님을 알아보았다고 하면서 '사랑하는 제자'의 우월성을 강조한다(요 20:6; 21:7).240) 그

---

238) V. Friedell, "A Community of Friends. John 13:1-17," *Brethren Life & Thought* 53(2008), 31.
239) R. A. Culpepper, "The Quest for the Church in the Gospel of John," *Interpretation* 63(2009), 343, 349.

러나 신더는 베드로와 '사랑하는 제자'를 갈등 관계로만 해석했기 때문에 두 사람의 공존 관계를 놓치고 있다. 예를 들어, 요한복음 20장 4절에는 '사랑하는 제자'가 베드로보다 무덤에 먼저 도착하지만 '사랑하는 제자'는 베드로의 권위를 생각해서 베드로보다 먼저 무덤 안으로 들어가지 않는다(요 20:6, 8). 또한, 요한공동체의 영성 그룹은 요한복음 21장을 추가하면서241) 베드로가 예수에게 받은 목양권을 마지막에는 요한공동체의 영성 그룹에 이양한다. 나아가 요한복음 21장 7절에서 부활하신 예수가 디베랴 바닷가에 나타났을 때도 예수를 제일 먼저 알아본 것은 '사랑하는 제자'이지만 먼저 예수께로 가지 않고 베드로에게 이르되 "주님이시다"라고 알린다. 이처럼 요한공동체의 영성 그룹은 자신들의 리더인 '사랑하는 제자'를 전면에 내세우면서도 그 역할을 한정한다. 곧 결정적인 순간에는 베드로에게 역할을 양보한다. 더 나아가 요한복음 21장 15-18절에서도 요한의 예수는 '사랑하는 제자'가 아니라 베드로에게 먼저 목양의 권위를 이양한다.242) 그러나 요한복음 21장 20절에 가면 베드로의 목양권을 '사랑하는 제자'가 이양받는다. 그리고 요한복음 21장 23-24절에 가면 '사랑하는 제자'가 죽은 다음에 목양권이 요한공동체의 영성 그룹으로 이양된다. 키도 요한복음서에

---

240) G. F. Synder, "John 13:16 and Anti-Petrinism of the Johannine Tradition," 13.

241) 비슬리 머레이는 대다수의 신약 학자의 추정은 요한복음 21장은 부록이든지, 추신이든지 혹은 발문이든지, 복음서 기자 혹은 요한 학파의 후기 편집자가 복음서 이야기에 추가한 것으로 본다. Beasley-Murray, *John*, 395. 찰스워즈도 요한복음은 세월이 지나면서 개정된 것으로 본다. 1장과 21장 그리고 15-17장은 2판에서 추가되었을 것으로 본다. James H. Charlesworth, "Reinterpreting John: How the Dead Sea Scrolls Have Revolutionized Our Understanding of the Gospel of the John," 25.

242) 키는 요한복음 21장 15-17절의 목자와 양 떼의 비유는 요한공동체의 리더가 새 구성원에게 생명의 음식과 양육을 해주어야 하는 지속적인 필요성을 강조하고 있는 것이며, 사랑의 선언만으로는 충분하지 않고, 공동체에 소속한 작은 자들에게 사랑의 돌봄으로 증명해야 한다는 것을 말하는 것이라고 한다. H. C. Kee, *Understanding the New Testament*, 172.

담긴 내용은 예수 전승의 보고(寶庫)가 두 세대에 걸쳐서 나타난 마지막 산물이며, 동시에 변화된 상황에 그것을 해석한 것이라고 한다.243) 따라서 베드로와 '사랑하는 제자'를 갈등 관계로 해석한 신더와 발데, 그리고 역할론을 주장한 보컴의 주장은 설득력이 떨어진다. 요한공동체의 영성 그룹은 예수의 목양 영성으로 두 사람을 공존시키고 있기 때문이다.

이처럼 요한공동체의 영성 그룹은 예수의 목양 영성을 계승하여 내적으로는 사도 계열의 그리스도인 그룹과 일치와 공존을 모색했으며, 그 외 여러 전향자 그룹을 예수의 목양 영성으로 돌보며, 서로 통합시켰다고 보아야 요한복음에 현저하게 나타나는 목양 주제를 설득력 있게 설명할 수 있다. 다음 장에서는 예수의 목양 영성의 구체적인 내용을 살펴보겠다.

---

243) *Ibid.*, 151-152.

III. 예수의 목양 영성

요한공동체의 영성 그룹은 예수의 목양 영성을 계승하여 요한공동체 구성원들을 목양적으로 돌보고, 연합하고, 공존시킨다. 요한복음에 나타난 예수의 목양 영성의 구체적인 내용은 크게 둘로 나타난다. 첫째는 개인적 목양 영성이며, 둘째는 공동체적 목양 영성이다. 먼저 개인적 목양 영성의 내용을 살펴보겠다.

1. 개인적 목양 영성

요한복음에 나타난 첫 번째 개인적 목양 영성은 회심이다. 요한복음 1장 12절에 "영접하는 자 곧 그 이름을 믿는 자들에게는 하나님의 자녀가 되는 권세를 주셨으니"라고 했다. 여기에 "영접"한다는 용어와 "믿는 자들"이라는 용어는 동의어이다. 요한복음 1장 13절에는 이들이 "하나님께로부터 난자들"이라고 한다. 이런 용어들은 유대교 회당으로부터 나온 구성원이나 여러 전향자가 요한공동체에 들어와 예수를 영접한 정황을 반영한 것이라고 추정할 수 있다. 서중석도 요한복음에서 "하나님의 자녀"는 유대민족을 뜻하지 않고, 유대인 그리스도인이든, 이방인 그리스도인이든, 그들의 혈통과는 관계없이 예수를 "믿는 자"를 뜻한다고 한다. 이것은 요한공동체 구성원들의 자기규정이며, 요한공동체 구성원들은 "하나님의 자녀"가 되는 영광을 예수에 의해 얻게 되었다고 한다.244) 여기에 요한이 "하나님의 자녀"라는 용어를 사용한 것은 유대교 회당으로부터 자발적으로 이탈한 구성원과 강제적으로 출교 당한 구성원, 그리고 여러 전향자 그룹이 하나님께 버림받은 것이 아니라 오히려 요한공동체 안에서 진정한 하나님의 자녀가 되었다는 정체성을 부여해 주는 용기와 위로와 안도감을 주는 개인적인 목양 언어이다.

두 번째는 세례이다. 요한복음 3장 22절은 예수와 제자들이 세례를 베푼다. "그 후에 예수께서 제자들과 유대 땅으로 가서 거기 함께 유하시며 세례를 베푸시더라."라고 했다. 요한복음 4장 1절에는 "예수께서 제자를 삼고 세례를 베푸는 것이 요한보다 많다는 말을 바리새인들이 들은 줄을 주께서 아신지라."라고 했다. 여기에는 예수가 직접 세례를 베푸는 것으로 기록한다. 요한공동체의 영성 그룹은 자신들의 공동체에 합류한 새 구성원들에게 예수의 세례를 통하여 개인적으로 새로운 공동체 의식을 심어주었을 것이다.

세 번째는 개인 심방이다. 요한복음 2장 1-12절은 예수께서 갈릴리 가나의 혼례 잔치에 초대받은 기사이다. "예수와 그의 제자들도 혼례에 청함을 받았더니"(요 2:2)라고 했다. 그런데 혼례장에 포도주가 떨어지자 예수가 물로 포도주를 만들어 문제를 해결한다(요 2:8-9). 클린크 3세(Edward W. Klink Ⅲ)는 요한복음 2장 1-12절과 열왕기하 3장과 4장의 엘리사 기사는 예언자적 관점에서 문학적이고, 신학적인 관계를 맺고 있으며, 예수가 엘리사 예언자와 유형론적으로 연관되어 있다고 한다.245) 그러나 클린크 3세는 예언자적 관점에서만 두 본문을

---

244) 서중석, "요한공동체의 기원과 성장," 123-124; 『복음서해석』 (서울: 대한기독교서회, 1991), 342-350, 특히 354; 『요한복음해석』 , 158, 162, 166. 서중석은 요한이 믿는 자들을 혈통으로나 육정으로나 사람의 뜻으로 나지 아니한 자들이라고 강조하는 것은(요 1:13) 유대교 회당에서의 출교 후, 그들의 사회적인 기반의 상실을 반영하는 것이라고 한다.
245) Edward W. Klink Ⅲ, "What Concern Is That To You and To Me? John 2:1-11 and the Elisha Narratives," *Neotestamentica* 39(2005),

연관시키고 있다. 설사 클린크 3세의 주장대로 요한이 엘리사 예언자의 기사를 유형론적으로 수용했다고 하더라도 요한이 최종적으로 목양의 관점에서 다시 그 전승을 편집했을 가능성을 간과하고 있다. 곧 요한복음 2장 1-12절을 목양적 관점에서 해석하면 예수는 혼례에 초청받고 심방을 간다. 그리고 예수는 그 가정의 어려운 문제를 해결해 주었다고 보는 것이 요한복음 전체에 흐르는 목양 영성과 연속성이 있다. 또한, 요한복음 11장 1-16절에서 요한의 예수는 나사로가 병들었다는 소식을 듣는다. 심지어 나중에는 죽었다는 소식까지 듣는다(요 11:3, 14). 예수는 조금 전에 유대에서 돌에 맞아 죽을 뻔한다(요 10:31). 그럼에도 요한의 예수는 나사로를 구하러 유대로 환자(혹은 장례) 심방을 간다(요 11:6, 7). 환자 심방은 개인 목양에서 중요한 것 중의 하나이다. 한편, 요한은 요한복음 21장에서 부활하신 예수가 제자들이 고기를 잡고 있을 때 나타난다. 요한복음 21장 9절에서 요한의 예수는 제자들이 바닷가에서 고기를 잡고 돌아오는 것을 기다리면서 미리 숯불을 피우고 생선과 떡을 준비한다. "제자들이 육지에 올라보니 숯불이 있는데"(요 21:9)라고 한 것을 보면 숯불은 제자들이 핀 것이 아니라 예수가 직접 피웠음을 암시한다. 숯불 위에 생선이 놓였고, 떡도 있는 것을 볼 때 예수가 생선과 떡을 가져와서 숯불에 굽고 있었다고 보는 것이 정황상 자연스럽다. 그리고 예수는 제자들에게 "지금 잡은 생선을 가져오라."(요 21:10)라고 한다. 아마도 예수가 준비한 생선이 부족해서 제자들이 잡은 생선을 더 구우려고 제자들에게 말한 듯하다.246) 나아가 요한복음 21장 12절과 13절에는 "예수께서 이르시

273, 283.

246) 마가는 마가복음 8장 7절에서 '작은 생선'을 헬라어 '익뒤디아'(ἰχθύδια)로 쓰고 있다. 이 생선은 요한복음 21장 9절에 나오는 '생선'(호사리온, ὀψάριον) 보다 작은 생선이다. 그리고 요한은 9절에서 생선을 단수로 쓴다. Henry George Liddell and Robert Scott, *Liddell and Scott's Greek-English Lexicon Abridged,* (Oxford: Simon Wallenberg Press, 2007), 336, 509. 그런데 요한복음 21장 10절에서 예수가 제자들에게 "지금

되 와서 조반을 먹으라."라고 했다. 그리고 "예수께서 가셔서 떡을 가져다가 그들에게 주시고 생선도 그와 같이 하시니라."(요 21:13)라고 했다. 여기서 예수가 제자들에게 "조반을 먹으라"라고 한 것을 보면 이 조반을 예수가 준비했다는 것이 명백하다. 더 나아가 요한복음 21장 13절에서 예수가 떡과 생선을 제자들에게 준 것을 보면 이것 역시 식사의 주도권을 예수가 가지고 있다고 보는 것이 정황상 합리적이다. 식사 심방은 목양에서 개인과 교제하는 중요한 목양적 돌봄 중의 하나이다. 예수의 식사 심방은 요한공동체의 영성 그룹이 공동체의 구성원들을 개인적으로 돌보는 목양 영성중의 하나였을 것이다.

네 번째는 개인 목양 상담이다. 요한복음 8장 1-11절에서 요한의 예수는 간음한 여자를 구해준다. 그러면서 예수는 여자에게 "나도 너를 정죄하지 아니하노니 가서 다시는 죄를 범하지 말라."(요 8:11)라고 했다. 서기관들과 바리새인들이 예수를 시험하기 위해 간음한 여자를 데리고 왔지만 예수는 여자를 정죄하지 않는다. 다만, 예수는 여자에게 "다시는 죄를 범하지 말라."라고 하며 권면한다. 또한, 요한의 예수는 단지 여자를 정죄하지 않는 것에서 그치지 않고, 여자가 앞으로 어떻게 살아가야 할지 구체적으로 개인 목양 상담을 통해 영적 지도를 한다. 나아가 요한복음 12장 1-8절에는 베다니의 마리아가 예수에게 비싼 향유를 발에 붓는다. 이에 가룟 유다가 가난한 자에게 나눠 줄 것을 예수의 발에 붓는다고 책망한다(요 12:5). 이때 요한의 예수는 마리아의 행동을 격려하며 "장례할 날을 위하여 그것을 간직하게 하라."(요 12:7)라고 했다. 예수는 마리아의 행동을 목양적 관점에서 격려하면서 마리아의 행동을 지지한다. 목양에서 개인 상담은 성도를 격려하

잡은 생선을 가져오라."라고 할 때 '생선'(ὀψάριων)을 복수로 쓴다. 예수는 일부러 작은 생선(익뒤디아)이 아니라 큰 생선(호사리온)을 준비한다. 그러나 문제는 한 마리만 준비한다. 예수는 일부러 부족하게 생선을 준비하고 제자들이 그 부족함을 채우도록 함으로써 제자들에게 자신감을 심어주려는 예수의 목양적 의도가 담겨 있다고 볼 수 있다.

는 중요한 목양 방법 중의 하나이다. 예수의 개인 목양 상담은 요한공동체의 영성 그룹이 실천한 개인 영적 지도의 한 방법이었을 것이다.

다섯 번째는 섬김이다. 키는 요한복음 13장 1-11절에서 예수가 제자들의 발을 씻기는 상징적인 행동은 다른 사람의 이익을 위해 필요하지만 비천한 일을 기꺼이 수행하는 천한 종의 역할을 하는 것이라고 한다.247) 그러나 키가 예수가 비천한 일을 하는 종에 초점을 맞추고 있는 것과는 달리, 이 본문은 자신의 양 떼를 섬기는 개인 목양의 관점에서 해석해야 한다. 특히, 이 본문에는 가룟 유다까지 동참하고 있기 때문에(요 13:2, 11, 21, 27) 원수까지도 사랑하시는 예수의 섬김의 목양을 보여주고 있다. 그리고 예수는 제자들에게 내가 행한 것 같이 너희도 서로 발을 씻겨주라고 한다(요 13:12, 14). 왕(Nathanael Xue-sheng Wang)은 예수가 제자들의 발을 씻겨주는 행위(요 13:3-17)는 당시 문화에서는 드문 일이라고 한다.248) 요한은 이 기사를 통하여 예수가 개인적인 섬김의 목양을 보여주었다는 점을 부각한다. 요한공동체의 영성 그룹은 예수의 개인적인 섬김의 목양을 계승하여 공동체 구성원들을 섬기는 개인적인 목양을 실천했을 것이다.

이처럼 요한공동체의 영성 그룹은 예수의 개인적인 목양 영성을 계승하여 요한공동체의 여러 그룹을 목양적으로 돌보고, 연합하고, 공존시켰다고 추정할 수 있다. 다음 장에서는 공동체적 목양 영성을 살펴보겠다.

---

247) H. C. Kee, *Understanding the New Testament,* 169.
248) Nathanael Xue-sheng Wang, "An Estranged Sect: The Sectarian Characteristics of Johannine Community," 136.

2. 공동체적 목양 영성

요한복음에 나타난 첫 번째 공동체적 목양 영성은 예배이다. 리 (Dorothy A. Lee)는 요한복음은 하나님에 대한 신학적인 이해뿐만 아니라 예배에 강력한 영향을 끼쳤다고 한다. 요한의 예수는 예배의 장소이며, 대상일 뿐만 아니라 진정한 예배자라는 것이다.249) 키도 요한 공동체는 성전의 파괴로 "예수 몸의 성전"(요 2:19-21)을 새로운 예배의 장소로 대체될 것을 예견했다고 한다.250) 리와 키의 주장을 수용한다면, 요한공동체는 예배공동체라고 할 수 있다. 실제로 요한복음 4장 20-24절에는 예수와 사마리아 여자가 예배의 장소와 때와 방법에 관한 문제로 서로 대화를 나눈다. 요한의 예수는 "이 산에서도 말고 예루살렘에서도 말고 너희가 아버지께 예배할 때가 이르리라."(요 4:21)라고 했다. 요한의 예수는 사마리아인들의 그리심 산도 아니고 유대인의 예루살렘도 아닌 요한공동체 안에서 드려지는 예배의 때가 올 것이라고 한다. 하나님과 그의 백성이 만나는 예배 장소는 지리적으로 위치한 신성한 건물이 아니라 오히려 요한공동체 자체와 관계되어 있다. 요한공동체의 영성 그룹은 예수 안에서 드려지는 새로운 형태의 예배를 통하여 공동체의 여러 그룹을 결속시키는 공동체적 목양을 시도했을 것이다.

두 번째는 성찬이다. 요한의 예수는 요한복음 6장 51절에서 "나는 하늘에서 내려온 살아 있는 떡이니 사람이 이 떡을 먹으면 영생하리

---

249) 리는 요한복음 1장 14절의 서막, 사마리아 여자, 맹인, 베다니의 마리아의 기름 부음, 도마의 고백, 요한복음 17장의 기도는 예배의 행위와 관계되어 있는 본문들이라고 한다. Dorothy A. Lee, "In the Spirit of Truth: Worship and Prayer in the Gospel of John and the Early Fathers," *Vigiliae Christianae* 58(2004), 277-293, 296.

250) H. C. Kee, *Understanding the New Testament*, 153.

라 내가 줄 떡은 곧 세상의 생명을 위한 내 살이니라 하시니라."라고
했다. 나아가 요한복음 6장 54절에서 "내 살을 먹고 내 피를 마시는
자는 영생을 가졌고 마지막 날에 내가 그를 다시 살리리니"라고 했다.
여기에 예수의 살과 피는 성찬의 떡과 잔을 의미한다. 부로우스
(Presian R. Burroughs)도 요한이 요한복음 6장 54-58절에 예수의 살
과 피를 먹는 것은 성찬에 참여함으로써 요한공동체의 완전한 일원이
되도록 권고하는 기능이 있다고 한다.251) 요한공동체의 영성 그룹은
예수의 성찬을 계승하여 공동체의 영성으로 확정함으로써 공동체 구
성원들을 완전한 일원으로 결속시키고, 유대교 회당과 차별화된 새로
운 공동체적 목양을 실험했을 것이다.

　세 번째는 설교이다. 불트만(R. Bultman)과 고들리(Matthew E.
Gordley)는 요한복음 서막(1:1-18)을 공동체의 찬가(hymn)라고 한
다.252) 이에 반해, 보야린(D. Boyarin)은 요한복음 서막의 삶의 자리는
찬양(praise)이나 숭배(adoration) 중의 하나가 아니라 교훈적인(homile
tical) 혹은 설교(preaching)의 상황이며, 서막은 창세기 처음 시작의
교훈적인 되풀고, 찬송적(hymnic)이 아니라 예배적(liturgical)이라고
한다.253) 불트만과 고들리와는 달리, 보야린은 요한복음 서막을 설교

---

251) Presian R. Burroughs, "Stop Grumbling and Start Eating: Gospel
　　Meal Meets Scriptural spice in the Bread of Life Discourse," *HBT*
　　28(2006), 74-86, 90, 92, 특히 92.
252) R. Bultman, *The Gospel of John A Commentary,* (Philadelphia: The
　　Westminster Press, 1971), 13-18, 특히 15. 고들리는 요한복음의 서막(요
　　1:1-18)은 히브리 성경과 제2성전의 유대 작품 그리고 그레코-로만 세계에
　　뿌리를 둔 교훈적인 찬송가(didatic hymnody)라고 한다. 특히, 고들리는
　　보야린이 요한복음 서막은 찬양이 아니며, 설교이며, 찬가와 대조가 되는
　　이야기라고 주장한 것을 반박하면서 교훈적 찬가에는 찬가 형태와 이야기
　　가 함께 섞여 나온다고 한다. Matthew E. Gordley, "The Johannine
　　Prologue and Jewish Didactic Hymn Traditions: A New Case for
　　Reading the Prologue as a Hymn," *JBL* 128(2009), 781, 785, 790, 797.
253) 보야린은 요한복음의 서막은 찬송도, 시적 형식도, 로고스/소피아에게 연
　　설하거나 말한 것이 아니라, 타르굼 미드라쉬에서 기대할 수 있는 일종의

라고 한다. 요한복음 전체에 흐르는 목양 주제의 연속성의 관점에서 본다면 불트만이나 고들리 보다는 보야린이 더 설득력이 있다. 그러나 보야린은 요한복음의 대표적인 설교인 요한복음 13-16장을 설교로 규정하지는 않는다. 요한은 요한복음 13-16장을 목양적 관점에서 설교로 배치한다. 요한공동체의 영성 그룹은 설교라는 가장 효과적인 영성 교육 방법으로 공동체적 목양을 시도했을 것이다.

네 번째 내용은 목양 기도이다. 피터슨(Robert A. Peterson)은 요한복음 17장을 대제사장의 기도(high priestly prayer)라고 한다.254) 이에 비해, 리는 요한복음 17장 5절과 24절에서 예수가 영광을 구하는 기도를 하는 것은 암묵적으로 예배의 행위라고 한다.255) 피터슨이 요한복음 17장을 구약적인 배경에서 대제사장의 기도로 해석했다면, 리는 예배의 행위로 해석한다. 요한공동체는 유대교와는 다른 예배공동체의 길을 걷고 있기 때문에 목양적 관점에서 보면 피터슨보다 리가 더 설득력이 있다. 곧 예배에서 고별 설교(요 13:31-16:33)를 마친 후에 목양 기도(요 17:1-26)를 한 것으로 보는 것이 더 자연스럽다. 여기서 예수는 하나님과 하나가 되듯이 제자들이 서로 하나가 되어야 한다고 연합과 공존을 위해 목양 기도를 한다(17:22). 요한공동체의 영성 그룹은 공동체 내부의 여러 이질적인 그룹들이 하나가 되는 방법으로 예수의 공동체적 목양 기도를 공동체적 영성 훈련으로 적극 활용했을 것이다.

고양된 서술형 산문(narrative prose)이라고 한다. Daniel Boyarín, "The Gospel of the Memra: Jewis-Binitarianism and the Prologue to John," *HTR* 94(2001), 264, 279.

254) Robert A. Peterson, "Union with Christ in the Gospel of John," 27. 최홍준도 요한복음 17장은 대제사장의 기도로서 유대인의 법정 기도의 형태를 반영한 간구기도라고 한다. 최홍진, "요한 공동체와 제자들을 위한 예수의 기도: 요한복음 17장을 중심으로," 「신약논단」 10(2003), 653, 661.

255) Dorothy A. Lee, "In the Spirit of Truth: Worship and Prayer in the Gospel of John and the Early Fathers," 293.

다섯 번째는 구제이다. 요한복음 6장 1-15절은 오병이어 기적을 베푼 기사이다. 요한의 예수는 "큰 무리가 자기에게 오는 것을 보시고 빌립에게 이르시되 우리가 어디서 떡을 사서 이 사람들을 먹이겠느냐"(요 6:5)라고 했다. 요한의 예수는 먼저 무리에게 떡을 먹여야 한다고 걱정한다. 이에 비해, 마가복음은 제자들이 먼저 예수에게 "무리를 보내어 두루 촌과 마을로 가서 무엇을 사 먹게 하옵소서"(막 6:36)라고 했다. 마태복음도 제자들이 먼저 "무리를 보내어 마을에 들어가 먹을 것을 사 먹게 하소서"(마 14:15)라고 했다. 누가복음도 열두 사도가 먼저 예수께 나아와 "무리를 보내어 두루 마을과 촌으로 가서 유하며 먹을 것을 얻게 하소서"(눅 9:12)라고 했다. 오직 요한의 예수만이 먼저 무리의 먹을 것을 걱정한다. 요한의 예수는 무리를 향해 목양적 관심에서 먼저 구제하려고 한다. 나아가 요한의 예수는 떡을 가지사 축사하시고 직접 나눠준다. "예수께서 떡을 가져 축사하신 후에 앉아 있는 자들에게 나눠 주시고 물고기도 그렇게 그들의 원대로 주시니라."(요 6:12)라고 했다. 이에 비해, 마가의 예수는 떡을 축사하고 제자들에게 주어 무리에게 나눠주게 한다. "떡을 떼어 제자들에게 주어 사람들에게 나누어 주게 하시고"(막 6:41)라고 했다. 마태의 예수도 제자들에게 주어 나누어 준다. "떡을 떼어 제자들에게 주시매 제자들이 무리에게 주매"(마 14:19)라고 했다. 누가의 예수도 제자에게 주어 나누어 준다. "떼어 제자들에게 주어 무리에게 나누어 주게 하시니"(눅 9:16)라고 했다. 다른 복음서에는 예수가 제자들에게 떡을 떼어 무리에게 나눠 주지만 오직 요한의 예수만 제자들을 거치지 않고 직접 나눠준다. 그만큼 요한의 예수는 무리를 긍휼히 여기며 구제하려는 목양적 의지가 강한 것을 보여준다. 요한공동체의 영성 그룹은 예수의 구제 영성을 계승하여 공동체 구성원들을 구제하고 돌보는 영성을 실천했을 것이다.

여섯 번째는 전도이다. 요한은 세례 요한의 두 제자 중의 하나가 안드레라고 한다. 그는 예수를 메시아로 알고 따른다(요 1:40). 안드레는 시몬 베드로와 형제이다. 그가 형제 베드로를 "데리고 예수께로 오니"(요 1:42)라고 했다. 요한은 이 장면을 안드레가 베드로를 전도한 것 같이 표현한다. 다른 복음서에는 예수가 일방적으로 제자들을 선택한다(막 1:16-20; 마 4:18-22; 눅 5:1-11). 그러나 요한의 예수는 안드레를 전도하고, 안드레가 베드로를 전도해서 데리고 온다. 나아가 요한복음 1장 43-51절에서 빌립과 나다나엘이 예수를 따른다. 여기서도 예수가 빌립에게 나를 따르라고 하자 빌립은 곧바로 나다나엘을 찾아가서 "와서 보라"(요 1:46)라고 하면서 전도한다. 빌립이 예수께 나오자 예수가 나다나엘을 이미 알아보고 그 속에 간사한 것이 없다고 한다(요 1:47). 나다나엘이 나를 어떻게 아시냐고 묻자 예수는 "네가 무화과나무 아래에 있을 때에 보았노라."(요 1:48)라고 했다. 불트만에 따르면, 당시에 유대 랍비들이 무화과나무 아래에서 율법을 가르치는 습관이 있었기 때문에 나다나엘은 율법을 공부하고 있었다는 것이다.256) 만일 불트만의 말이 맞다면, 지금 예수는 유대교 율법 교육을 받는 나다나엘을 전도한 것이다. 더 나아가 요한복음 4장 28-29절과 39절을 보면 사마리아 여자가 예수를 그리스도로 깨닫고 동네로 들어가서 "내게 말한 사람을 와서 보라 이는 그리스도가 아니냐"(요 4:29)라고 하며 전도한다. 사마리아 여자의 전도를 받은 사마리아 사람들이 예수를 믿는다(요 4:39). 여기에 "와서 보라"는 문구는 요한의 전형적인 전도 문구이다. 예수가 요한의 두 제자에게 "와서 보라"(요 1:39)라고 했으며, 빌립이 나다나엘에게 전도할 때도 "와서 보라"(요 1:46)라고 했고, 사마리아 여자가 동네에 들어가서 전도할 때도 "와서 보라"(요 4:29)라고 했다. 또한, 요한복음 4장 35절에서 제자들이 예수에게 먹을 것을 잡수시라고 하자 예수의 관심은 음식에 있지 않고 전도에 있다. 예수는 "너희 눈을 들어 밭을 보라 희어져 추수하게 되었노라."(요 4:35)라고 하면서 전도에 관심한다. 그러면서 예수는 제자들에게 "내가 너희로

---

256) R. Bultmann, *The Gospel of John A Commentary*, 104.

노력하지 아니한 것을 거두러 보내었노니"(요 4:38)라고 했다. 요한은 전도를 강조하기 위해 사마리아 여자가 동네로 들어가서 전도하는 내용(요 4:29)과 그 전도를 받고 사마리아 사람들이 예수를 믿은 것(요 4:39) 사이에 예수가 제자들에게 전도 명령을 한 요한복음 4:35-38절을 삽입한다. 한편, 요한복음 8장 21-30절은 예수가 유대인들을 전도하면서 반복적으로 그들이 죄인인 것을 지적한다. 요한복음 8장 21절에 "너희가 죄 가운데에 죽겠고"라고 했다. 요한복음 8장 24절에는 "너희가 너희 죄 가운데 죽으리라."라고 했다. 예수가 유대인들에게 죄 가운데 죽는다고 전도하자 요한복음 8장 30절에 "이 말씀을 하시매 많은 사람이 믿더라."라고 했다. 이것을 보면 예수가 유대인들을 정죄하기 위해 죄 가운데 죽을 것이라고 말한 것이 아니라 그들을 전도할 목적을 가지고 한 말이라고 볼 수 있다. 또 한편, 요한복음 18장에는 예수가 잡혀서 대제사장과 빌라도에게 심문당한다. 그런데 마태복음은 예수가 침묵(마 26:63)한 다음에 한 절로 대답한다(마 26:64). 마가복음은 예수에 대한 거짓 증언에 대해 예수는 침묵(막 14:61)한 다음에 대제사장의 질문에 한 절로 대답한다(막 14:62). 누가복음은 예수가 비교적 길게 대답한다(눅 22:67-70). 그러나 절수는 네 절을 할당하지만 간단하게 말했기 때문에 요한복음의 한 절 정도밖에 되지 않는다. 이에 비해, 요한의 예수는 대제사장 앞에서 침묵하지 않고 길게 대답한다(요 18:20, 21, 23). 이처럼 예수는 대제사장 앞에서 비교적 다른 복음서보다 많은 말을 한다. 이것은 예수가 변명하려고 한 것이 아니라 대제사장을 전도하기 위한 전략이라고 할 수 있다. 나아가 요한의 예수는 빌라도 앞에서도 길게 대답한다(요 18:34, 36, 37). 마태복음에는 빌라도의 질문에 예수가 "네 말이 옳도다."(마 27:11)라고 한마디만 대답하고 그 후에 침묵한다(마 27:12, 14). 마가복음에도 빌라도의 질문에 "네 말이 옳도다."(막 15:2)라고 한마디만 할 뿐 그 뒤로 계속 침묵한다(막 15:5). 누가복음에서도 빌라도의 질문에 예수는 "네 말이 옳도다."(눅 23:3)라고 한마디만 한다. 이에 비해, 요한의 예수는 빌라도 앞에서 전도할 목적으로 진리를 전하기 위해 왔다고 말한다. 그러자 빌라도가 "진리가 무엇이냐"라는 질문까지 하도록 호기심을 끌어낸다(요 18:37-38). 이처럼 예수는 재판 상황에서도 빌라도에게 전도한다. 요한공동체의 영성 그룹은 예수의 전도 영성을 계승하여 요한공동체 구성원들이 아직 요한공동체에 합류하지 못한 자들을 전도하라는 공동체적 목양 영성 비전을 제시했다고 볼 수 있다.

요컨대, 요한공동체의 영성 그룹은 예수의 개인적, 공동체적 목양 영성을 계승하여 유대교 회당에서 자의적, 타의로 이탈하고 출교 당한 사람들과 여러 전향자 그룹을 예수의 목양 영성으로 돌보며, 서로 사랑하고, 하나가 되며, 연합하고, 공존하는 이상적인 목양 공동체를 꿈꾸었다고 추정할 수 있다.

V. 나가는 말

　본 논문은 요한복음에 나타난 예수의 '목양 영성'을 규명하였다. 이를 규명하기 위하여 먼저 요한공동체가 처한 정황에 관심한 결과 요한공동체는 예수의 영성을 계승한 영성 그룹이라는 것을 밝혀냈다. 나아가 요한공동체에는 크게 세 개의 그룹이 있었다고 추정한다. 첫째는 예수께서 '사랑하는 제자'와 예수의 어머니 마리아를 중심으로 하는 영성 그룹, 둘째는 사도 계열의 그리스도인들 그룹, 셋째는 여러 전향자 그룹이다. 특히, '사랑하는 제자'와 예수의 어머니 마리아를 중심으로 하는 요한공동체의 핵심 그룹은 예수의 목양 영성을 계승한 영성 그룹이라고 추정한다. 따라서 요한공동체의 영성 그룹을 상상하는 것이 요한복음 해석의 중요한 열쇠가 된다. 요한공동체는 여러 공동체가 연합되어 있는 연합 공동체였다. 요한공동체가 연합 공동체로 모이게 된 동기는 예수의 목양 영성을 통하여 유대교 회당이나 다른 그룹과는 차원이 다른 목양적 돌봄을 받고 싶었기 때문이다. 또한, 요한공동체의 영성 그룹은 반 베드로 입장과 사도 계열의 그리스도인들과의 경쟁 관계를 극복하기 위해 목양이라는 주제로 경쟁과 갈등을 없애고, 서로 연합하고 공존을 모색했다. 나아가 요한공동체의 영성 그룹은 유대교 회당에서 자발적으로 이탈하거나 강제로 출교 당한 자들을 수용하고, 사마리아 전향자, 이방인 전향자, 세례 요한의 제자 중 일부 전향자, 그리고 갈릴리 전향자를 예수의 목양 영성 아래 하나로 통합시켰다. 한편, 예수의 목양 영성은 개인적 목양 영성과 공동체적 목양 영성으로 나타났다. 곧 개인적 목양 영성은 회심, 세례, 개인 심방, 개인 목양 상담, 그리고 섬김으로 나타났으며, 공동체적 목양 영성은 예배, 성찬, 설교, 목양 기도, 구제, 그리고 전도로 나타났다. 결론적으로 요한공동체의 영성 그룹은 예수의 개인적, 공동체적 목양 영성을 계승하여 유대교 회당에서 자의적, 혹은 타의적으로 이탈하고 출교 당한 사람들과 여러 전향자 그룹을 예수의 목양 영성을 통하여 목양적으로 돌보고, 서로 사랑하고, 하나가 되며, 연합하고, 공존하는 이상적인 목양 공동체를 꿈꾸었다. 또 한편, 지금까지 요한복음 연구는 주로 신학 사상 일변도로 연구를 해왔는데, 본 논문은 영성 신학적 관점에서 예수의 목양 영성으로 요한복음을 새롭게 해석했다는 점에서 해석학적 외연을 넓힌 공헌이 있다고 생각한다. 다만 본 논문은 예수의 영성을 요한복음에만 국한하여 연구했다는 한계를 지니고 있으므로 앞으로 예수의 온전한 영성을 규명하기 위해서는 다른 복음서에 나타난 예수의 영성을 함께 연구해야 할 과제를 남겨 두었다. 본 논문이 앞으로 다른 복음서에 나타난 예수의 영성을 추출하는 해석학적 방법론의 실마리가 되기를 희망하며 다른 복음서에 나타난 예수의 영성에 관한 연구는 다음 과제로 남겨두겠다. 아울러 한국교회가 요한복음에 나타난 예수의 목양 영성을 계승하여 다시 새롭게 변화되기를 희망해 본다.

■ Abstract ■

The Shepherd Spirituality of Jesus in the Gospel of John

This thesis believes that the crisis caused by the decline in the number of Korean churches and the weakening of social trust is due to the failure of the church to provide proper shepherding, and focuses on the shepherding of Jesus as revealed in the Gospel of John, which presents correct shepherding. Therefore, this thesis deals with the shepherding spirituality of Jesus as revealed in the Gospel of John. In order to investigate this, the author is interested in the situation faced by the Johannine community. In order to reveal the circumstances of the Johannine Community, the author first observes the confrontational relationship between the Jewish synagogue and the Johannine Community, and as a result, presumes that the Johannine Community is a spiritual group that inherited the spirituality of Jesus. It is presumed that there were three major groups in the Johannine Community. The first is a spiritual group centered around Jesus' beloved disciple and Jesus' mother Mary, the second is a group of apostolic Christians, and the third is a group of various converts. In particular, the spiritual group, the core group of the Johannine community centered on the 'disciples whom Jesus loved' and Mary, the mother of Jesus, is presumed to be the group that inherited Jesus' shepherding spirituality. Therefore, imagining the spiritual group of the John community becomes an important key to interpreting the Gospel of John. Some scholars believe that the Johannine community took an anti-Peter stance or was in competition with apostolic Christians. However, the author argues that the spiritual group of the John Community resolved competition and conflict with the shepherding spirituality of Jesus and sought unity and coexistence with one another in order to overcome the anti-Peter position and the rivalry with apostolic Christians. Furthermore, the spiritual group of the John Community integrated Samaritan converts, Gentile converts, some of John the Baptist's disciples, and Galilean converts into one under the shepherding spirituality of Jesus. Additionally, Jesus' shepherding spirituality revealed in the Gospel of John appears as personal shepherding spirituality and communal shepherding spirituality. The research method of this thesis used sociological biblical interpretation and comparison between the Gospel of John and other gospels. Until now, research on the Gospel of John has mainly focused on theological ideas. In contrast, I think that this thesis has contributed to broadening the scope of hermeneutics in that it newly interpreted the Gospel of John through the shepherding spirituality of Jesus from a spiritual theological perspective. Furthermore, I hope that this thesis will be of some help to the shepherding of the Korean church in that it presents a model of Jesus' shepherding spirituality to the Korean church. Furthermore, we hope that Jesus' shepherding spirituality will serve as an alternative to overcoming the crisis in the Korean church.

Key Words

Johannine Community, Synagogue, Spirituality, Shepherding, Spirituality Group

■ 참고문헌 ■

1. 마태복음

구제홍. "마태공동체의 영성적 특징과 사회적 정황." 「대학과 선교」
　　　14 (2008): 101-129.

______. "마태의 가르치는 그리스도와 마태공동체의 리더십 행동."
　　　「대학과 선교」 3 (2001): 224-242.

김춘기. "예수의 영성." 「신학과 목회」 12 (1998): 35-57.

바턴, 스티븐 C.『사복음서의 영성』 김재현 옮김. 서울: 기독교문서선
　　　교회, 1997.

박종천. "예수님의 영성에 대한 조직신학적 연구." 「신학과 세계」 69
　　　(2010): 32-100.

서중석. "예수의 선교 명령과 마태공동체." 「신학논단」 75 (2014):
　　　77-98.

______. "예수의 카리스마적 지도력과 마태공동체." 「신학논단」 74
　　　(2013): 37-58.

______. "요한복음에 대한 사회심리학적 해석." 「신약논단」 19
　　　(2012): 105-139.

______. "마태공동체의 형태." 「기독교사상」 35 (1991): 136-154.

______. "마태공동체의 내부대립과 공존." 「신학사상」 67 (1989):
　　　901-926.

성종현.『신약총론』 서울: 장로회신학대학출판부, 1991.

쉘드레이크, 필립.『미래로 열린 영성의 역사』 정병준 옮김. 서울: 한
　　　국장로교출판사, 2020.

시니어, 도날드.『최근 마태신학 동향』 홍찬혁 옮김. 서울: 기독교문

서선교회, 1992.

유해룡. 『영성의 발자취』 서울: 장로회신학대학교출판부, 2011.

장흥길. "마태복음의 개론적 문제." 「장신논단」 19 (2003): 69-89.

정용한. "마태 공동체와 유대교 관계 연구를 위한 새로운 제안." 「신학논단」 72 (2013): 201-227.

채영삼. "예수의 권세와 열방, 가르침과 임재: 마태복음 28:16-20의 배경 전승과 종말의 다윗 목자-교사." 「신약연구」 13 (2014): 32-74.

Aland, Kurt. *Vollständige Konkordanz zum griechischen Neuen Testament.* Berlin · New York: Walter De Gruyter, 1975.

Bacon, Benjamin Wisner. *Studies in Matthew.* New York: Holt, Rinehart & Winston, 1930.

Bouyer, Louis. *The Spirituality of the New Testament and the Fathers.* New York: Desclee Company, 1963.

Brooks, O. S. "Matthew xxviii 16-20 and The Design of the First Gospel." *JSNT* 10 (1981): 2-18.

Davies, W. D. *The Setting of the Sermon on the Mount.* Georgia, Atlanta: Scholars Press, 1989.

Hagner, Donald A. *Matthew 14-28.* Word Biblical Commentary. Dallas: Word Books Publisher, 1995.

Hare, Douglas R. A. *Matthew.* Louisville: John Knox Press, 1993.

Houston, J. M. "Spirituality," In *Evangelical Dictionary of Theology.* Edited by Walter A. Elwell, 1046-1051. Michigan: Baker Book House, 1984.

Jeremias, Joachim. *The Parables of Jesus.* London: SCM Press Ltd, 1983.

Kee, H. C. *Jesus in History: An Approach to the Study of the Gospels.* New York: Harcourt Brace Jovanovich, Inc., 1977.

Kingsbury, Jack Dean. *Matthew: Structure, Christology, Kingdom.* Philadelphia: Fortress Press, 1975.

Liddell, Henry George and Scott, Robert. *Liddell and Scott's Greek-English Lexicon Abridged.* Oxford: Simon Wallenberg Press, 2007.

Luz, Ulrich. *Das Evangelium nach Matthäus* 1. Teilband Mt 1-7. Neukirchen-Vluyn: Neukirchener Verlag, 1985.

Meeks, Wayne A. *The Moral World of the First Christians.* Philadelphia: The Westminster Press, 1986.

Overman, J. Andrew. *Matthew's Gospel of Formative Judaism: The Social World of the Matthean Community.* Minneapolis: Fortress Press, 1990.

Reed, Carson E. "Practical Theology in Diverse Ethnic Community Matthew's Gospel as of a Model of Ministry." *RQ* 60 (2018): 163-170.

Robinson, James M et al. *The Critical Edition of Q.* Minneapolis: Fortress Press, 2000.

Sittser, Gerald L. "Survey of the History of Christian Spirituality," In *Dictionary of Christian Spirituality.* Edited by Glen G. Scorgie, 95-101. Michigan: Zondervan Press, 2011.

Schweizer, Eduard. *The Good News according to Matthew.* Translated by David Green. Atlanta: John Knox Press, 1975.

Smith, Chares W. F. "Mixed State of the Church in Matthew's Gospel." *JBL* 82 (1963): 149-168.

Smith, J. B. *Greek-English Concordance to the New Testament.* Pennsylvania: Herald Press, 1955.

Stendahl, K. *The School of St. Matthew and Its Use of the Old*

Testament. Uppsala: CWK Gleerup, 1968.

Tatum, W. Barnes. *In Quest of Jesus: A Guidebook.* London: SCM Press Ltd, 1983.

Wayment, Thomas A. "Christian Teachers in Matthew and Thomas." *JECS* 12 (2004): 289-311.

2. 마가복음

『제2차 바티칸 공의회 문헌』 서울: 한국천주교 중앙협의회, 2008.

김득중. 『복음서신학』 서울: 컨콜디아사, 1985.

김인곤 외. 『소크라테스 이전 철학자들의 단편 선집』 서울: 아카넷, 2005.

델오르토, 스테파노. 『파도바의 성 안토니오』 강선남 옮김. 서울: 바오로딸, 2003.

바턴, 스티븐 C. 『사복음서의 영성』 김재현 옮김. 서울: 기독교문서선교회, 1997.

박수암. "마가의 이적 이해." 「장신논단」 16 (2000): 110-132.

박찬웅. "요세푸스의 예수 보도의 진위(眞僞) 문제." 「현대와신학」 24 (1999): 96-114.

서중석. "예수의 카리스마적 리더십과 마가공동체." 「신학논단」 29 (2001): 97-116.

______. "마태공동체의 형태." 「기독교사상」 35 (1991): 136-154.

______. 『복음서 해석』 서울: 대한기독교서회, 1991.

성 이냐시오, 로욜라. 『로욜라의 성 이냐시오 영신수련』 정한채 옮김. 서울: 이냐시오 영성연구소, 2019.

쉘드레이크, 필립. 『미래로 열린 영성의 역사』 정병준 옮김. 서울: 한국장로교출판사, 2020.

아리스토텔레스. 『니코마코스 윤리학』 천병희 옮김. 경기도: 숲출판사, 2018.

아우구스티누스. 『아카데미아학파 반박』 성염 역주. 왜관: 분도출판사, 2016.

요세푸스, 플라비우스. 『유대전쟁사 1』 박정수, 박찬웅 옮김. 파주:

나남출판사, 2008.

유은호. 『에바그리우스의 기도론 연구: 오리게네스의 기도론과의 비교』 서울: 예수영성, 2019.

______. "에바그리우스의 기도에 관한 연구: Περὶ Προσευχῆς를 중심으로." 「신학논단」 83 (2016): 257-287.

임성철. "고대 희랍 철학에 나타난 '관상적 생활': 이상(理想)의 기원과 의미에 관한 연구." 「철학탐구」 21 (2007): 121-154.

츠빙글리, 홀트라이히. 『츠빙글리 저작선집 1』 임걸 옮김. 서울: 연세대학교 대학출판문화원, 2014.

콜로디척, 브라이언 신부 엮음. 『마더 데레사: 나의 빛이 되어라』 허진 옮김. 서울: 오래된미래, 2008.

토인비, A. J. 『역사의 연구 I』 홍사중 옮김. 서울: 동서문화사, 2016.

플라톤. 『국가』 박종현 역주. 경기도: 서광사, 2012.

히버트, 알버트. 『그 능력의 비밀』 김유진 옮김. 서울: 은혜출판사, 1996.

Achtemeier, P. J. ""And He Followed Him": Miracles and Discipleship in Mark 10:46-52." *Semeia* 11 (1978): 115-145.

______. "Miracles and the Historical Jesus: A Study of Mark 9:14-29." *CBQ* 37 (1975): 471-491.

Aland, Kurt et al. *Novum Testamentum Graece*, 28th edition. Stuttgart: Deutsche Bibelgesellschaft, 2017.

______. *Vollständige Konkordanz zum Griechischen Neuen Testament.* Berlin, New York: Walter De Gruyter, 1975.

Best, Ernest. "The Miracles in Mark." *Review & Expositor* 75 (1978): 539-554.

Bouyer, Louis. *The Spirituality of the New Testament and the Fathers.* New York: Desclee Company, 1963.

Burkill, T. Alec. "The Notion of Miracle with Special Reference to

St. Mark's Gospel." *ZNW* 50 (1959): 33-48.

Calpino, Teresa. "The Gerasene Demoniac (Mark 5:1-20): The pre-Markan Function of the Pericope." *BR* 53 (2008): 15-23.

Carter, Warren. "Cross-Gendered Romans and Mark's Jesus: Legion Enters the Pigs (Mark 5:1-20)." *JBL* 134 (2015): 139-155.

Elder, Nicholas A. "Of Porcine and Polluted Spirits Reading the Gerasene Demoniac (Mark 5:1-20) with the Book of Watchers (1 Enoch 1-36)." *CBQ* 78 (2016): 430-446.

Ellenburg, B. Dale. "A Review of Selected Narrative-Critical Conventions in Mark's Use of Miracle Material." *JETS* 38 (1995): 171-180.

Gaiser, Frederick J. "In Touch with Jesus: Healing in Mark 5:21-43." *Word & World* 30 (2010): 5-15.

______. ""Your Sins are Forgiven....Stand up and Walk": A Theological Reading of Mark 2:1-12 in the Light of Psalm 103." *Ex auditu* 21 (2005): 71-87.

Gnilka, Joachim. *Das Evangelium Nach Markus* (Mk 1-8,26). Zürich: Benziger Verlag, 1978.

Gregory, Nyssa. *"ST. Gregory Thaumaturgus Life and Works,"* In *The Fathers of the Church* Vol. 98. Translated by Michael Slusser. Washington, D.C: The Catholic University of America Press, 1998.

Josephus. *Jewish Antiquities Books* XVIII-XIX. Edited by G. P. Goold. London: Harvard University Press, 1965.

Hatton, Stephen B. "Comic Ambiguity in the Markan Healing Intercalation (Mark 5:21-43)." *Neotestamentica* 49 (2015): 91-123.

Hedrick, Charles W. "Miracles in Mark: A Study in Markan Theology and Its Implications for Modern Religious Thought." *PRS* 34 (2007): 297-313.

Johnson, Earl S. "Mark 10:46-52: Blind Bartimaeus." *CBQ* 40 (1978): 191-204.

Kee, H. C. *Understanding the New Testament* Fourth edition. New Jersey, Englewood Cliffs: Prentice-Hall, Inc, 1983.

______. *Community of the New Age: Studies in Mark's Gospel.* Marcon: Mercer University Press, 1977.

Lee, Dorothy A. "Signs and Works": The Miracles in the Gospels of Mark and John." *Colloquium* 47 (2015): 89-101.

Mackay, David. "The Feedings in Mark-Miracle, or More Than Miracle." *Colloquium* 29 (1997): 119-130.

Marxen, W. *Mark the Evangelist: Studies in the Redaction History of the Gospel.* Nashville: Abingdon Press, 1969.

McGinn, Bernard. *The Foundations Mysticism: Origins to the Fifth Century.* New York: The Crossroad Publishing Company, 1991.

Moss, Candida R. "The Man with the Flow of Power: Porous Bodies in Mark 5:25-34." *JBL* 129 (2010): 507-519.

Olagunju, Olugbenga. "Jesus'healing Miracles in Mark 7:31-37 in an African Context." *OJT* 18 (2013): 67-97.

Ortlund, Dane. "The Old Testament Background and Eschatological Significance of Jesus Walking on the Sea (Mark 6:45-52)." *Neotestamentica* 46 (2012): 319-337.

Owens, Catherine. "Hear, O Israel: Exegetical Blindness and Mark 7:31-37." *STR* 56 (2013): 251-261.

Phelan, John E. "The Function of Mark's Miracles." *CQ* 48 (1990):

3-14.

Philo. "*De Vita Contemplativa,*" In *The Loeb Classical Library Philo IX.* Edited by E. H. Warmington, 112-169. London: Harvard University Press, 1967.

Plotini. *Plotini Enneades: Praemisso Porphyrii De Vita Plotini Deque Ordine Librorum Eius Libello* Vol I, II. Edited by Ricardus Volkmann. Lipsiae: In Aedibus B.G. Teubneri, 1883-1884.

Robinson, James M. Hoffmann, Paul and Kloppenborg, John S. *The Critical Edition of Q.* Minneapolis: Fortress Press, 2000.

Spencer, F. Scott. "Why Did the "Leper" Get Under Jesus'Skin? Emotion Theory and Angry Reaction in Mark 1:40-45." *HBT* 36 (2014): 1-22.

Sterling, Gregory E. "Jesus as Exorcist: An Analysis of Matthew 17:14-20; Mark 9:14-29; Luke 9:37-43a." *CBQ* 55 (1993): 467-493.

3. 누가복음

권명수. "관상기도의 의식의 흐름과 치유."「신학과 실천 」16(2008/9),
   217-250

길진경.『영계 길선주』. 서울: 종로서적, 1980.

김득중.『성서주석 누가복음 I』. 서울: 대한기독교서회. 1993.

______.『성서주석 누가복음 II』. 서울: 대한기독교서회. 1993.

김명실. "공동체적 탄원기도로서의 통성기도: 통성기도의 정체성의 정립
   과 그 신학과 실천의 나아갈 방향 모색."「신학과 실천」
   24(2010/9), 299-355.

김수천. "동방정교회 영성의 고전 『필로칼리아-The Philokalia』에 나
   타난 무정념(apatheia)에 이르는 길."「신학과 실천」16(2008/9),
   251-282.

______. "누가의 문서에 나타난 기도의 신학-역사 변혁의 원동력으로서
   의 기도-."「신학과 실천」28(2011), 353-379.

리어든, 로버츠/ 김광석 옮김.『아주사 부흥』. 서울: 서로사랑, 2008.

뮬러, 조지/ 배응준 옮김.『기도가 전부 응답된 사람 』. 서울 : 규장,
   2005.

방성규. "메살리안 운동이 초기 수도원 운동에 끼친 영향."「한국교회사
   학회지」9(2000), 113-140.

서중석.『복음서 해석』. 서울: 대한기독교서회, 1991.

성종현 엮음.『공관복음서 대조연구-요한복음서 포함-』. 서울: 장로회
   신학대학출판부, 1992.

______. "예수어록(Q-자료) 연구동향."「교회와 신학」24(1992),
   150-181.

______. "유대문헌과 신약성서에 나타난 기도."「장신논단」9(1993),

39-65.

______. 『신약성서의 중심 주제들』. 서울: 장로회신학대학출판부, 1998.

소기천. "예수말씀 복음서 Q."「성경원문연구」8(1999), 130-167.

______. 『예수말씀의 전승궤도』. 서울: 대한기독교서회. 2000.

알란트, 네스틀레.『그리스어 신약성서 한국어 서문판』. 서울: 대한성서 공회, 2010.

예수의 데레사/ 최민순 옮김.『영혼의 성』. 서울: 바오로 딸, 2009.

오덕호.『문학-역사비평이란 무엇인가?』. 서울: 대한기독교서회, 2000.

오먼, 조던.『영성신학』. 왜관: 분도출판사, 1991.

______/ 이홍근 · 이영희 옮김.『가톨릭 전통과 그리스도교 영성』. 왜 관: 분도출판사, 1998.

유은호편저.『8개비교 신약성경 1-5권』. 서울: 등불출판사, 1988.

______.『예수영성의 다양성』. 서울 : 예수영성, 2010.

유재경. "영성의 연구 경향과 전망."「신학과 실천」24(2010/9), 183-212.

정양모.『루가 복음서』. 왜관: 분도출판사, 1983.

______. 배은주 · 김윤주 엮음.『네 복음서 대조』. 왜관: 분도출판사. 1993.

최갑종. "네 복음서의 기원, 수집, 적용 그리고 올바른 사용."「목회와 신 학」146(2001), 98-107.

Aland, Kurt. *Vollstandige Konkordanz Zum Griechischen Neuen Testament.* New York: Walter De Gruyter Berlin, 1975.

______, Kurt. *Synopisis Quattuor Evangeliorum.* Stuttgart: Wurttembergische Bibelanstalt, 1978.

Allan Powell, Mark. *What are they saying about Luke?.* Mahwah: Paulist Press, 1989.

______, Mark. *What is Narrative Criticism?* Augsburg: Fortress, 1990.

Athanasius. *The Life of Saint Antony*. Maryland: The Newman Press, 1950.

Bandstra, Andrew J. "The Original form of the Lord's Prayer." *CTJ* 16(1981), 15-37.

Blaising, Craig A. "Gethsemane: A prayer of Faith." *JETS* 22/4 (1979/December), 333-343.

Danby, H. *The Mishnah*. New York: Oxford University Press, 1933.

Dennis, Hamm. S.J. "The Tamid Service in Luke-Acts; The cultic Background behind Luke's theology of worship (Luke 1:5-25; 18:9-14; 24:50-53; Acts 3:1; 10:3,30)." *CBQ* 65(2003), 215-231.

Ehrman, Bart D and Plunkett, Mark A. "The Angel and the Agony: The Textual Problem of Luke 22:43-44." *CBQ* 45(1983), 401-416.

Freed, Edwin D. "The parable of the Judge and The widow." *NTS* 33 (1987), 38-60.

Green, Joel B. "Jesus on The Mount of Olives(Luke 22:39-46): Tradition and Theology." *JSNT* 26 (1986), 29-48.

Han, Kyu sam. "Theology of Prayer in the Gospel of Luke." *JETS* 43/4(2000/December), 675-693.

Harris, Lindell O. "Prayer in the Gospel of Luke." *SJT* 10 (1967/Fall), 59-69.

Hicks, John Mark. "The Parable of the Persistent Widow(Luke 18:1-8)." *RestQ* 33(1991), 209-223.

Hinson, E. Glenn. "Persistence in Prayer in Luke-Acts." *RE* 104 (2007/Fall), 921-736.

Holmas, Geir Otto. "'My house shall be a house of prayer': Regarding the Temple as a place of prayer in Acts within the Context of Lukes Apological Objective." *JSNT* 27.4 (2005), 393-416.

Huffard, Evertt W. "The Parable of the Friend at Midnight: God's honor or Man's Persistence?" *ResQ* 21 (1978), 154-160.

Johnson, Alan F. "Assurance for man : The Fallacy of translating Anaideia by "persistence" in Luke 11:5-8." *JETS* 22/2 (1979/June), 123-131.

Kistemaker, Simon J. "The Seven Words from the Cross." *WTJ* 38 (1976/winter), 182-191.

Leaney, Robert. "The Lucan Text of The Lord's Prayer(LK xi 2-4)." *NT* 1(1956), 103-111.

Louth, Andrew. *The Origins of the Christian Mystical Tradition.* New York: Oxford university Press, 2007.

Marshall, I. Howard. *The Gospel of Luke.* Michigan: The Patermoster Press, 1978.

Metzger, Bruce M. *A Textual Commentary on the Greek New Testament.* New York: United Bible Societies, 1971.

Nestel-Aland. *Novum Testamentum Graece. 27.* revidierte auflage. Stuttgart: Deutsche Bibelgesellschaft, 1993.

Nolland, John. *Word Biblicall Commentary Luke 1:1-9:20.* Dallas, Texas: Word Books, Publisher, 1989.

______, John. *Word Biblical Commentary Luke 9:21-18:34.* Dallas, Texas: Word Books, Publisher, 1993.

______, John. *Word Biblical Commentary Luke 18:35-24:53.* Dallas, Texas: Word Books, Publisher, 1993.

North, J. Lionel. "Praying for a Good Spirit: Text, Context and Meaning of Luke 11.13." *JSNT* 28.2 (2005), 167-188.

O' Brien, P.T. "Prayer in Luke-Acts." *TB* 24 (1973), 111-127.

Reid, Barbara E. "Beyond Petty Pursuits and Wearisome Widows."

Interpretation 56 (2002), 284-294.

Robinson, James McConkey ed. *The Critical Edition of Q.* Minneapolis: Fortress Press, 2000.

Samlley, Stephen S. "Spirit, Kingdom and Prayer in Luke-Acts." *NT* 15 (1973), 59-71.

Schulz, Siegfried. *Q : Die Spruchquelle der evangelisten.* Zurich: Theologischer Verlag, 1972.

Smith, J. B. *Greek-English Concordance to the New Testament.* Pennsylva: Herald Press, 1955.

Snodgrass, Klyne. "Anaideia and The Friend at Midnight." *JBL* 116 (1997/Fall), 505-513.

4. 요한복음

김성건. "고도성장 이후의 한국교회: 종교사회학적 고찰."「한국기독교
　　　와 역사」 38(2013), 5-45.
박미라. "언택트"(Untact)시대에서 교회의 위기를 위한 기독교교육 상담
　　　의 적용방안 연구."「신학과 실천」 72(2020), 461-485.
서중석. 『요한복음해석』. 서울: 대한기독교서회, 2012.
______. "요한복음에 대한 사회심리학적 해석."「신약논단」19(2012),
　　　105-139.
______. "요한공동체의 형태."「신학논단」 62(2010), 109-130.
______. 『복음서해석』 . 서울: 대한기독교서회, 1991.
______. "요한복음서의 베드로와 애제자."「신학논단」 19(1991), 25-
　　　44.
______. "요한공동체의 기원과 성장."「신학논단」 18(1989), 109-
　　　127.
안광현, 김준식. "기독교인들의 한국교회에 대한 인식현황 분석 - 수도
　　　권지역을 중심으로."「신학과 실천」 30(2012), 475-506.
임성은. "교회의 신뢰회복 방법으로서 인증제 도입에 대한 연구."「신
　　　학과 실천」 74(2021), 951-977.
정재영. "코로나 팬데믹 시대에 교회의 변화와 공공성." 「신학과 실
　　　천」 73(2021), 857-886.
최무열. "한국교회의 위기 극복과 대사회적 신뢰성 회복 방안으로서의
　　　디아코니아 활용에 관한 소고."「신학과 실천」47(2015), 519
　　　-549.
최홍진. "요한 공동체와 제자들을 위한 예수의 기도: 요한복음 17장을 중
　　　심으로."「신약논단」 10(2003), 653-688.

Bauckham, Richard. "The Beloved Disciple as Ideal Author." *JSNT* 49(1993), 21-44.

Beasley-Murray, George R. *John.* Waco, Texats: Word Books, Publisher, 1987.

Boyarín, Daniel. "The Gospel of the Memra: Jewis-Binitarianism and the Prologue to John." *HTR* 94(2001), 243-284.

Bultman, R. *The Gospel of John A Commentary.* Philadelphia: The Westminster Press, 1971.

Burroughs, Presian R. "Stop Grumbling and Start Eating: Gospel Meal Meets Scriptural spice in the Bread of Life Discourse." *HBT* 28(2006), 73-94.

Charlesworth, James H. "Reinterpreting John: How the Dead Sea Scrolls Have Revolutionized Our Understanding of the Gospel of the John." *BR* 9(1993), 19-25, 54.

Cook, Michael J. "The Gospel of John and the Jews." *Review & Expositor* 84(1987), 259-271.

Culpepper, R. A. "The Quest for the Church in the Gospel of John." *Interpretation* 63(2009), 341-354.

______. "The Gospel of John and the Jews." *Review & Expositor* 84(1987), 273-288.

Friedell, V. "A Community of Friends. John 13:1-17." *Brethren Life & Thought* 53(2008), 23-32.

Gaston, Thomas E. "Does the Gospel of John Have a High Christology?" *HBT* 36(2014), 129-141.

Gieschen, Charles A. "The YHWH Christology of the Gospel of John." *CTQ* 85(2021), 3-22.

Gordley, Matthew E. "The Johannine Prologue and Jewish Didactic Hymn Traditions: A New Case for Reading the Prologue as a Hymn." *JBL* 128(2009), 781-802.

Kanagarraj, J. J. "The Profiles of women in John: House-Bound or Christ-Bound?" *ERT* 27(2003), 27-46.

Kee, H. C. *Understanding the New Testament* Fourth edition. New Jersey, Englewood Cliffs: Prentice-Hall, Inc, 1983.

Klink III, Edward W. "What Concern Is That To You and To Me? John 2:1-11 and the Elisha Narratives." *Neotestamentica* 39(2005), 273-287.

Lee, Dorothy A. "In the Spirit of Truth: Worship and Prayer in the Gospel of John and the Early Fathers." *Vigiliae Christianae* 58(2004), 277-297.

Liddell, Henry George and Scott, Robert. *Liddell and Scott's Greek-English Lexicon Abridged.* Oxford: Simon Wallenberg Press, 2007.

Martyn, J. L. *History and Theology in the Fourth Gospel.* Nashville: Abingdon, 1979.

Meeks, Wayne A. "The Men from Heaven in Johannine Sectarianism." *JBL* 91(1972), 44-72.

Méndez, Hugo. "Did the Johannine Community Exist?" *JSNT* 42(2020), 350-374.

Peterson, Robert A. "Union with Christ in the Gospel of John." *Presbyterion* 39(2013), 9-29.

Rensberger, D. *Johannine Faith and Liberating Community.* Philadelphia: Westminster Press, 1988.

Schneiders, Sandra M. "Biblical Spirituality." *Interpretation: A Journal of Bible and Theology* 70(4)(2016), 417-430.

Shepherd, Massey H. "The Jews in the Gospel of John Another Level of Meaning." *ATR* 3(1974), 95-112.

Stramara, Daniel F. Jr. "The Chiastic Key to the Identity of the Beloved Disciple." *VTQ* 53(2009), 5-27.

Synder, G. F. "John 13:16 and Anti-Petrinism of the Johannine Tradition." *BR* 169(1971), 5-15.

Wahlde, Urban C. von. "Community in Conflict: The History and Social Context of the Johannine Community." *Interpretation* (1995), 379-389.

Wang, Nathanael Xue-sheng. "An Estranged Sect: The Sectarian Characteristics of Johannine Community." *TJT* (2018), 123-149.